LA

REVOLUCION

PERSONAL

DE

FACUNDO

MARVAL

Una novela
Luis Carlos Márquez

A Jacqueline, mi esposa, que me dio el compañerismo, el apoyo y la comprensión que hizo mi vida posible y mis últimos años muy felices, gracias a mi mejor y única amiga.

También a mis dos hijas, Carla y Beatriz, porque sin ellas mi vida no sería completa.

Muchas historias nunca llegan a escribirse, porque a pesar de ser verdaderas, son totalmente increíbles. La realidad supera a la ficción todo el tiempo.

~

CONTENIDO

PREFACIO

Una de las cosas más difíciles en la vida es prever qué efecto tendrá un evento en nuestras vidas. ¿Mejorará nuestras vidas o no? ¿Traerá buena o mala suerte? Si no hubiera tomado las decisiones alocadas que tome en mi vida, además de estar en un momento y lugar específico, probablemente no estaría aquí hoy. No es que yo quise tomar decisiones alocadas, simplemente las tome. Me resultaba muy natural. Como consecuencia de esas decisiones muy locas ahora estoy viviendo uno de los mejores períodos de mi vida. Sin duda el resultado fue totalmente inesperado y contradictorio. ¿Cómo ocurrió eso? ¿Existe tal cosa como un caos ordenado?

Estoy convencido de que todo sucede por una razón y cada evento (bueno o malo) nos lleva a direcciones impredeciblemente diferentes. La secuencia es vital y crucial para el resultado final, igual que la suerte, que es tan impredecible que incluso siendo una consecuencia directa de esa secuencia, podría muy bien terminar como lo contrario de lo que esperamos.

La Revolución Personal de Facundo Marval echa un vistazo a este aspecto fascinante y misterioso de la vida, siguiendo su camino dorado personal y su revolución personal. Cinco personas terminan siendo perseguidas y eventualmente separadas, por los ideales de una revolución que no existe.

I El Camino Dorado

La vida se está deslizando
Ignorándome
Tengo que escribir, más y más...

Dejando palabras
A lo largo del sendero de oro
Como las hojas de otoño
Una a una

Como las hojas de otoño
Una a una
Para mantener el calor de los vientos fríos
Y dar a tu alma un resplandor soleado

Para dejar un signo
Para que tú lo sigas
Y me encuentres lejos sobre la colina

Con suerte antes de la puesta del sol
Con suerte, he de esperar...
Antes, que me haya ido.

Capítulo 1

Todo el mundo tiene un sendero de oro establecido para ellos.
Tendemos a pensar que comienza cuando nacemos, pero a veces es
una continuación de nuestros ancestros. No importa lo que hagamos o
no, inevitablemente terminaremos dentro de él, porque es nuestra
única vida.

En un momento de su vida, Facundo Marval, mi padre,
escribió estas proféticas palabras, que abrieron la declaración escrita
de un sueño visionario que se disparó a un lugar muy lejos en el
futuro...

*"Y la vida pasó por mí como un rayo de luz dejando muy poco atrás y
fui totalmente reemplazado. Sólo pasaron dos generaciones y ya he
sido olvidado, así como millones antes que yo. Estoy triste porque mi
vida ha venido y se ha ido tan pronto, pero contento porque la he
vivido y sé que la vida continuará para muchos otros después de mí.
Es nuestro destino... El nieto de mi nieto, que desde entonces también
había desaparecido, estaba leyendo una revista virtual. Yo me había
ido hace tiempo. Él no tiene un apellido ya que desde entonces habían
sido reemplazados por un número. El artículo que está leyendo se
proyecta en una especie de "éter" suspendido, que es como un reflejo
de su mente visualizada justo delante de sus ojos, los cuales ya no se
usan para su propósito convencional, como un sueño. Nadie más
puede ver la visión, porque se proyecta en sintonía con su propia
frecuencia y clave. Mientras que él se concentra en su "conferencia"
se transpone virtualmente a su destino siguiente, supervisado por un
trillón de sensores que controlan su ruta y acciones. La visión hace
referencia al momento en que todavía había países, porque este
concepto ya no existía. Fue abolido desde entonces, porque se
convirtió en la principal fuente de malentendidos, egoísmos y*

diferencias. La realidad se había vuelto virtual, convirtiéndose silenciosamente en datos, sólo números. El transporte como lo conocemos desapareció. Era más fácil traer lugares y eventos a nosotros virtualmente o transponernos. Por supuesto esto fue hecho por su avatar. Él mismo estaba encerrado en una cápsula de módulo de mando con un ciclo de quinientos años renovable, y todo va tan rápido que está aprendiendo una nueva vida cada día. Para entonces la gente moría como viejos leones al no poder mantener su territorio virtual, solo y abandonado, desconectado e instantáneamente pulverizado. Los cementerios desaparecieron hace mucho tiempo, dándose cuenta de que después de dos generaciones las tumbas y los mausoleos quedaban desiertos. Se concedía una excepción a aquellos que se habían hecho famosos o valiosos para la humanidad y sus cenizas pulverizadas se guardaban en lugares especiales "capullos" donde se mantenían estos valiosos legados. Sólo las cenizas pulverizadas de intelectuales que evocaban el pensamiento racional eran depositados en estos lugares de distinción para que la memoria colectiva los reverenciara. Todos los demás pasaban anónimamente. En el tiempo transcurrido muchos cambios organizacionales habían tenido lugar. Las empresas individuales dejaron de existir y se sustituyeron por sectores especializados, sustituyendo el principio de competencia por la cooperación y la optimización. Los líderes de esos sectores ejercían elecciones dentro de sus jurisdicciones y, en última instancia, asistían a una red global representativa de todos los sectores con el propósito de tomar decisiones finales. El criterio principal era que cada decisión debía tomarse por unanimidad para asegurar el beneficio de todos. Los jefes de Estado, los revolucionarios, los dictadores, los reyes y otros que actuaban en nombre del pueblo, junto con sus respectivos sistemas de gobierno, se convirtieron en cosa del pasado. El cáncer y el terrorismo fueron erradicados y casi se había olvidado que habían existido. Este era el mundo en el cual el nieto de mi nieto, que desde entonces también había desaparecido, existía... "

Ésta era la interpretación de mi padre de lo que saldría de la revolución personal que inició dentro de sí mismo en 1941, el año en que nací. Siempre que cada persona viva concurrentemente llevara a cabo su propia revolución personal, e individual y colectivamente cambiara la forma en que ahora pensamos. A menudo él se recordaba a sí mismo y a nosotros "Mi escritura me salvará, mi escritura nos salvará a todos"

Ahora, a los setenta y cinco años, estoy aquí en mi vejez, perplejo, mirando un poco al pasado, tratando de concentrarme en el presente y evitando mirar mucho al futuro porque veo el final corriendo para arrebatar mi cuerpo, o mi alma, o ambos...

Aunque convencido de que los hombres idealistas, como mi padre, son los que diseñan los planos de lo impensable. Ahora estoy haciendo yo mi parte de lo mismo y seguiré haciéndolo mientras pueda.

Si hubiera una próxima vida y pudiera vivir de nuevo, me gustaría ser astrofísico, para poder soñar realidades en gran escala y mirar hacia afuera, e ignorar la sordidez que me rodea ahora. Lo primero que descubriría es que la vida no pertenece a nadie, es de todos. Esto se convertiría en el núcleo de mi filosofía y en el tamiz a través del cual separaría lo esencial de lo que no es.

Usted ve, una vez que usted tiene el privilegio de mirar hacia afuera al universo y de entender lo que sucede allí, uno no tiene otra opción que concluir que somos también parte integral de todas esas maravillas. Una vez que se ha entendido eso, lo lógico es mirar hacia adentro y tratar de descifrar el significado de lo que hemos sido tan afortunados de descubrir.

Después de recorrer mi entorno durante un tiempo concluí que la codicia es la raíz de todos los problemas de la época. Obviamente, la solución debería ser una mayor distribución de la riqueza, pero el egoísmo no lo permite. Una pregunta válida: me lo gané, ¿Por qué debo regalarlo? Una respuesta válida: Para la supervivencia de la raza humana, es decir su propia supervivencia. Fácil de entender: Sí. Fácil de practicar: En realidad no...

***

Facundo Marval, mi padre, era un verdadero revolucionario, positivo: no comunista, ni socialista, ni antiimperialista, ni anticapitalista. Era simplemente un individualista, que creía en un "vivir y dejar vivir" enfoque al cambio.

El tipo que crece de vez en cuando en América Latina alrededor del Caribe, flotando entre las palmeras y los helechos de las gigantescas montañas que protegen la costa norte de la Pequeña Venecia de los invasores. El tipo de los que siempre paga un precio por lo que son. En estas partes los revolucionarios son tan comunes como los lagartos tropicales verdes, están por todas partes. Bebé Facundo se dormía cada día, con la caricia de su madre cantando una canción de cuna tradicional.

> *"Duérmase mi niño,*
> *Que tengo que hacer,*
> *Lavar los pañales y hacer de comer... "*

Esto se convirtió en el sonido interior de su alma. Las dulces vibraciones que le ordenaban ser un buen líder de su propio destino, responsable sólo a sí mismo, porque en estas partes los líderes no siguen las reglas, las hacen. Muy pronto, se hizo notorio por meterse en problemas en la escuela debido a ese mismo hecho. Sus profesores se quejaban de que no cumplía con nada. Llegaba crónicamente tarde, rara vez terminaba su tarea, su mirada se perdía en algún momento del tiempo y se peleaba fácilmente con otros compañeros por nada.

Se convirtió en un gran dolor de cabeza para el director de la escuela y el tema de su propio estudio

Curiosamente, en casa, era un muchacho muy gentil, ayudando en todo y obedeciendo fielmente las peticiones de su madre, hasta el punto de que aparentemente era otra persona. Su madre no podía entender cuál era la queja de la escuela y estaba convencida de que no era el comportamiento de su Facundo, pero sí lo era, dos personalidades encarnando una.

Él no fue influenciado por su padre porque su padre nunca estaba cerca, él estaba ocupado metiéndose en su propio tipo de problemas. En cambio mi padre heredó la mayor parte del carácter de su madre: fuerte, independiente y valiente. Las cualidades que hacen sobrevivir a las madres solteras y los sueños controversiales.

Los sueños de Facundo se nutrieron con la pureza del oxígeno de la brisa caribeña, la música de los cocoteros y la majestuosa tranquilidad de la sombra de los mangos tropicales que se extendían por toda la costa y cubrían el valle como una cobija gigante de terciopelo verde . Sus objetivos eran tan puros y sencillos que se volvieron imposibles de entender.

Cuando tenía trece años, ya estaba en la lista subversiva del régimen dictatorial de la época. Cuando llegó a los dieciocho años, motivado por la temprana muerte de su padre, dejando a su madre por el momento, decidió hacer su propio mundo de una manera diferente a cualquier otra cosa conocida hasta entonces, simple y llanamente.

Corrió lejos, despejó un pedazo de tierra entre el Orinoco y el Río Amazonas, lo suficientemente lejos de cualquier entidad civilizada para poder ser su propio amo, construir y vivir su propia vida. Lo cual resultó ser casi imposible debido a las condiciones que prevalecían en ese momento.

Sin embargo se fue y por instinto parecía conocer ya los caminos de la selva como si viviera allí en una vida anterior.

Con el tiempo se encontró con una pequeña tribu que eventualmente lo tomó como uno de los suyos. Siguiendo la tradición, por la competencia, ganó el privilegio de convertirse en el compañero de vida de la hija mayor del jefe. Con el tiempo tuvieron un hijo (yo) y lo nombraron también Facundo.

***

Desde el lugar donde estoy ahora me vuelvo hacia el pasado para rescatar un poco de mi propio yo, que inadvertidamente he dejado atrás durante tantos años y puede ser útil para los eventos que todavía están por venir. Tengo un poco de tiempo y todavía puedo recordar...

Mis primeras herramientas fueron las que venían con la máquina de coser Singer de mi mamá, en una pequeña caja de herramientas cromada. Con las que construí mis primeros coches y aviones y motocicletas de mentira. Tenía nueve años, era 1950. Qué edad tan divina, mi voz no había cambiado todavía, pero yo tampoco era un niño...

Desde el principio Ma trató de mejorar mi herencia contándome historias sobre los años que comenzaron con Pa. Ella lo describió como un hombre práctico y ella como poseedora del sentido común de otra manera inalcanzable, el cual uno hereda de generaciones que viven en forma salvaje.

Ella recuerda que cuando llegó el momento de seleccionar el sitio para lo que ahora es la casa principal en nuestro rancho, sugirió esperar, hasta que las lluvias estuvieran en plena fuerza para seleccionar el terreno más alto.

El edificio fue comenzado y terminado durante la estación seca. Insistió en que la casa fuera encalada. Cuando Pa preguntó por qué, ella simplemente respondió: Porque el cielo es azul y la hierba es verde y las rosas son rojas... las casas son blancas. Este sentido extremadamente detallado de las relaciones de la naturaleza hacia que todo lo que ella tocaba, se convertía en perfecto.

Era posible para ella ilustrar estos conceptos tangibles, porque realmente estábamos rodeados de tal belleza: infinitos cielos azules, verdes colinas ondulantes, y un millón de tonos de rojo, el fondo perfecto de la naturaleza, y por supuesto, nuestra brillante casa blanca en el medio, A la sombra de magníficos árboles de mango, extendiéndose como majestuosos guardias a ambos lados del serpenteado camino rural que conducía a nuestro patio.

Cuando llegó la hora de seleccionar los caballos de trabajo, Ma insistió en el color alazán. Ella creía que era el color original en que los caballos llegaron al mundo y cuando llegó el momento de elegir el color de los perros de guardia ella no podía pensar en otro color que negro, porque decía que se hacían invisibles por la noche y que era la forma en que se suponía ser.

***

Alrededor de ese tiempo mi abuela (del lado de Pa) vino a vivir con nosotros en el pueblo de El Dorado, mientras mi madre alternaba entre la casa y la ganadería de mi padre. Ma se quedaba dos semanas seguidas en la cabaña rural del rancho, cocinando, limpiando, planchando y cuidando el huerto, el jardín de flores y proporcionando generalmente un hogar para mi padre. Y papá regresaba con ella, dos semanas seguidas, a nuestra casa de El Dorado para recoger suministros, semillas, vacunas, repuestos, alambre de púas, clavos, herramientas y cualquier otra cosa necesaria para el mantenimiento de la ganadería.

En ese momento la valiosa lección aprendida fue la humildad y paciencia, porque las cosas eran lentas. Aprendimos que nada que vale la pena sucede instantáneamente, ni siquiera el nacimiento o la muerte, ambos requieren mucho esfuerzo, humildad y paciencia. La humildad y la paciencia hacen la vida más vivible bajo cualquier circunstancia.

Los tornillos y pernos no eran fáciles de manejar y la frustración - el enemigo principal - siempre me estaba acosando. De niño me di cuenta de que uno vence el fracaso por repetición, uno aprende haciendo una y otra vez lo mismo de diferentes maneras, y a su debido tiempo una de las maneras funciona. Eventualmente la frustración desaparece cuando uno aprende y domina el arte. Familiarizarse con el fracaso se convirtió en un sentimiento liberador.

En ese época todo se miraba, a través de un velo de encaje blanco y delgado, con la intención de protegerse de ser abrumado. Pero también este requisito hacia todo muy difícil de entender. Las cosas no estaban claras en absoluto.

No me di cuenta entonces, pero vivía en un mundo de papel. Había en cada habitación de la casa gabinetes de archivo de papel. Tampoco me importaba, ya que todo se hacía sin mi consentimiento y mi mundo real seguía en mi cabeza de todos modos, y no tenía nada que ver con la realidad.

A menudo escuché a mi papá decir que "El papel puede soportar cualquier cosa". Eso no tenía sentido para mí, porque pensaba que el papel era frágil y delgado. De todos modos, ¿De qué me servía?, ya que la mayoría de mis propias cosas seguían en mi cabeza, pero si tuviera que elegir un material, el hierro o el plomo estarían bien, o cualquier otro material podría haberlo hecho igual, incluso madera. El plástico no era tan común en esos días, pero ciertamente no habría elegido papel.

Mucho, mucho más tarde, descubrí que realmente todo tenía que ver con el papel: dinero, acciones, bonos, contratos, certificados de nacimiento, certificados de matrimonio, certificados de defunción... por no hablar de decretos, leyes e incluso la constitución. ¡Todo!

**

Mi segunda herramienta era el diario de mi madre, el cual ella me dejaba leer de vez en cuando a medida que crecía, para darme una idea de quién era y de dónde venía, y por qué mi padre ya no estaba con nosotros. ...

El diario estaba escrito en un estilo poético casi alegórico, que era muy agradable de oír y leer, pero difícil de entender. Uno tenía que leerlo una y otra vez y, a veces incluso leer entre las líneas para captar el significado de lo que se estaba diciendo, como si estuviera escrito en un código muy antiguo.

Algo como esto:

"Se mueve en silencio, discretamente, distante como la muerte misma. Su mirada es parcialmente feroz y parcialmente ingenua. Sólo mata por el derecho a sobrevivir y sin embargo es temido por todos. En un pedazo de bosque verde, a 20 kilómetros al oeste de El Dorado y a 15 kilómetros al sur del río Amazonas, permanece el olor del Jaguar. Elusivo, oscuro, silencioso, se desliza entre los atardeceres y el amanecer cuando se pone en un movimiento de caza y comienza a recorrer los tonos grises, negros y ocasional verde que marcan la silueta de esta parte del mundo, Cuando todo parece estar quieto, pero no lo está. Cuando vienes de tan lejos como él, llegas cansado. Si se le pregunta, y pudiera responder, sólo diría que sufrió y sufrirá más por lo que dice. Todas las historias de supervivencia son así. No sería posible hacerle hacer o decir algo que no quisiera, porque no tiene deudas que pagar y nada que comprar. Posee y tiene todo lo que necesita. No es un soldado, ni comerciante, ni religioso, ni

científico. Su nombre es Maru y él es sólo un animal. Pero si tuviera una opción, le gustaría ser un filósofo, el más puro de los significados y en ese caso simplemente vivir en paz y escribir lo que él piensa y cree, preferible en un idioma extranjero para que no pueda ser censurado y sin embargo fácil de traducir profusamente. Su escritura sería simple, directa y honesta. Sólo practicaría las artes más desinteresadas, sin hacer daño, y sus historias podrían ser probadas por la vida misma. Pero nada de eso es posible porque es sólo un animal... "

Las historias vinieron con el diario y la tierra vino con los animales y la gente. Con el tiempo, la tierra fue desperdiciada y muchas de las personas desaparecieron, ahora los animales prosperaron y las historias siguieron adelante porque sólo necesitaban dos para recordar, mi abuela y yo. Así que me puse a hacer lo que ella habría hecho, recordarlo, pasarlo y escribirlo...

***

Eventualmente, rescatando mis pensamientos me fijé el hecho de que miles de millones de años antes de que cualquier hombre se sentara en estas tierras todo era puro y simple, como sólo la naturaleza puede ser: colorida, fluida, limpia, inofensiva, estacional y asombrosamente hermosa. Formas y formas cambiaron con las edades, y sin prisa se convirtió en lo que hoy podríamos imaginar como un paraíso en una sola palabra. Entonces nada cambió por mucho tiempo.

***

En 1941, el año en que nací, según la historia, mi padre trajo el búfalo de agua asiático a estas tierras, hace más de setenta y cinco años. En un esfuerzo por aportar una paridad perfecta, pensando que el animal se adaptaría perfectamente a las dos estaciones que tenemos allí: seis meses de sequía y seis meses de lluvia, similares a los de

18

tierras próximas al ecuador asiático. Estos animales han evolucionado para soportar los rigores de estas condiciones extremas durante miles de años: seco, polvoriento, calor ecuatorial extremo durante seis meses y húmedo, inundado por los monzones de la lluvia el resto del año.

Pa trajo dos toros y cuatro vacas preñadas desde la India, a través del delta del río Orinoco, y luego las subió río arriba y luego las condujo hasta llegar a los límites de su tierra. Dos hierros de la marca con el perfil de la cabeza del Jaguar esperaban la pequeña manada para herrarlos. Los toros se quemaron primero, luego las cuatro vacas y luego los terneros cuando llegaron a tres meses.

Eventualmente los nativos, que echaban una mirada de vez en cuando, comenzaron a llamarlos las vacas negras con los cuernos hacia atrás,

"Las vacas con los cachos torcidos hacia atrás".

Muy pronto se convirtieron, a medida que crecieron en tamaño y números, parte del paisaje y lo hicieron aún más interesante. Los jaguares eran curiosos, pero los respetaban y no se atrevían a considerarlos presa todavía. Los pequeños terneros se mezclaron como si fuesen naturales de estas partes y mi padre, los búfalos y los jaguares se convirtieron en un "entendimiento".

***

Nací rico en principios, pero sin garantías. No había estabilidad de ningún tipo, en mi familia y en la Pequeña Venecia. Era como vivir en un barco que estaba a punto de hundirse. Haciendo agua por todas partes e independientemente de cuánto uno remara hacia adelante, el barco parecía permanecer en el mismo lugar, sin moverse. Parecía que la mayor parte del tiempo se gastaba sacando agua. Generaciones se hicieron viejas, desesperadamente achicando para mantener el país a flote en vano.

***

El silencio es la expresión más elocuente. A veces puede significar total acuerdo o desacuerdo, declarar o absolver culpa, resaltar o disipar dudas. Del mismo modo podría causar daño irreparable cuando se entiende mal.

Durante años mantuve silencio acerca de estas injusticias, impulsado por mi natural disposición a no causar daño, pensando que era la mejor manera de manejar un trato injusto, porque finalmente la buena fe prevalecería. Ignóralo, me dije. Pero no, la buena fe no fue reconocida, hasta que fue demasiado tarde para hacer nada, excepto hablar.

Y así lo hice.

En un principio, el general era muy popular entre los pobres, aunque no era un político de carrera, y logró construir una agenda que prometió dar a los pobres las necesidades de la vida. Simultáneamente culpó a los ricos por todas las penurias por las que los pobres tuvieron que pasar durante cientos de años y el estado desesperanzado en que se encontraron. Además tuvo un golpe de suerte cuando el precio del oro negro se disparó, lo que le permitió regalar viviendas, educación gratuita y empleos mejor pagados, todo ello a partir de la colosal corriente de petróleo en efectivo.

Lamentablemente, al mismo tiempo, declaró una guerra informal contra los ricos, obligándolos a reducir la inversión y la producción o eventualmente cerrar. Esto produjo una división en la población que persiste hasta hoy.

El general infiltró y politizó todos los poderes públicos que quedaban: el servicio legislativo, judicial, militarizado y politizado.

Así que por aquel tiempo, la Pequeña Venecia estaba gobernada por una gran cantidad de villanos que distribuían el país entre ellos, como si fuera su propiedad privada, estableciendo una tiranía. Como terratenientes, con todas las prerrogativas de un rey.

En realidad, eran primitivos, sencillos, pero con el poder de un monarca, sin ninguna habilidad especial ni sentido común, arreglando asuntos (siempre a su favor) y gobernando dentro de un reino de terror con puños de hierro. Todo esto fue permitido sólo por la ignorancia extensiva y la naturaleza benigna de muchas personas como mi padre, que se contentaban con renunciar a una gran parte de sus libertades para tener un sistema llamado de "gobierno", cualquier sistema, que siempre hizo más daño que bien.

La gente hablaba de una guerra civil, pero era sólo una charlatanería, porque el dictador tenía el control sobre el ejército y gastaba mucho dinero en armas y otros sistemas de represión. Mi padre siempre decía que la palabra hablada y escrita, usada sabiamente, de una manera pacífica, tenía el mismo efecto de una bomba de diez megatones. Pero también se suprimió el derecho a expresar ideas. Así que no había otra manera que ir a la clandestinidad. Mi padre comenzó a escribir un panfleto semanal anónimo llamado "La voz" y firmaba con el seudónimo una mente común y terminaba sus artículos con la frase "La mente es todo"

Todavía se me entristece el corazón por las imágenes de personas haciendo cola para comprar comida, vehículos y maquinaria fuera de servicio por falta de repuestos, enfermedad disparada por falta de medicamentos, explosión dramática del crimen, persecución política inhumana, falta de justicia y corrupción general. Existieron malas dictaduras antes en "La Pequeña Venecia", pero me dicen que esta - bajo El General - ha sido la peor de la historia.

Las otras dos no se disculparon por ser dictadores, como un padre severo, pero hicieron algo... Todo lo que vale la pena hoy en la "Pequeña Venecia" fue construido o iniciado por ellos, y había orden. A causa de ellos el término "dictador benévolo" fue inspirado y acuñado.

Lo que más me entristece ahora, es ver a ese país ser destruido por un grupo de bandoleros y el sentimiento de frustración que se ve en la cara de millones de personas, porque muy poco se puede hacer, al menos por el momento.

Muchas cosas estaban mal en ese momento, pero lo peor era un desprecio total por la constitución y el abandono de los mayores y los niños, los más vulnerables. Y los pobres flacos perros callejeros, que se habían consumido hasta el hueso desnudo como esqueletos que se niegan a morir, rondando alrededor de los botes de basura, como ilustrando una fuerte queja de las fuerzas superiores de la naturaleza a este comportamiento bárbaro...

Siempre que me permitía pensar en los flacos pobres perros callejeros de la "Pequeña Venecia", se me rompía el corazón y en el futuro veía muchos años de esfuerzo diligente para situar al país en el nivel en que alguna vez estuvo. No mejor, solo tal y como era antes. Leí una vez que "la gente obtiene los gobiernos que merecen" y me pregunto: ¿Cómo mi pueblo logró producir tan malos gobiernos? ¿Eran ellos tan malos? ¿Quién iba a hacer la difícil tarea de reconstrucción del país? No tenía respuestas para eso.

Mi pequeña Venecia, nunca pensé que te harían tanto daño. Tus propios hijos te rasgaron la ropa y te dejaron desnuda en las fuertes lluvias de julio. Abandonada después de más de un siglo amamantando los sueños de todos, temblando de frío, tosiendo tu neumonía, y que algunos desean que pudiera finalmente matarte.

Ya no eres la misma niña que nunca envejeció, la Pequeña Venecia que me crio antes de dejarme salir a hacer frente al mundo. La misma que mostró su cara rubia con orgullo, y ahora mira hacia abajo al suelo de pura vergüenza, con nada para cubrir su cuerpo óseo, y protegerte de los flacos perros hambrientos que acechan a tu alrededor esperando a que mueras, para finalmente roer tus huesos.

El Alma Llanera se ha perdido. No somos más y no merecemos ser *"Hermanos de la espuma, de la garza, de la rosa y del sol..."* Ojalá tuviera la voluntad y el tiempo para escribir más sobre esto, pero es muy doloroso y tengo y además debo de continuar con mi relato de mi camino dorado...

***

Capítulo 2

Vivo es lo único que realmente estamos. Si un hijo pudiera elegir una madre, yo elegiría la mía, una y otra vez. No porque fuera perfecta, al contrario, tenía muchas limitaciones, sino porque era incondicional.

Es decir, a lo largo de su vida ella estuvo feliz cuando yo estaba e inconsolablemente triste cuando yo sufría. Como si fuéramos uno, no dos. Lo que lamento más que todo nunca le di suficiente crédito. Por eso, cuando pienso en los amores pasados, este es el que más me duele, porque era el que merecía tanto y el que recibió menos y con el que fui más injusto. Ella fue mi primer y más querido amor. Nada se puede hacer ahora. Ojalá estuviera ella aquí por lo menos para leer estas palabras y tener la satisfacción de saber que por encima de cualquier otra persona la amo y la extraño.

Mi Madre era una mujer estoica de mente clara, firme creencia y acciones implacables. Tenía un sentido del orden y era optimista, tal vez un poco obstinada a veces, especialmente cuando sentía que tenía la razón y si el asunto tenía que ver con el honor o el bienestar de la gente.

***

Exactamente un año después de que llegaran los búfalos de agua, fui concebido. Y el hombre que se convirtió en mi padre, por el milagro del amor, se transformó en un muy dispuesto proveedor: todo, desde bienes y servicios hasta una celosa protección. Era un fuerte buen hombre que distribuía su amor y tiempo entre sus búfalos y su joven familia.

Mi Madre se convirtió repentinamente en el objeto de un cuidado infinito. Sus propios méritos aumentados por mi imperceptible presencia. Mucho antes de mi tiempo, las cosas comenzaron a suceder. Mi madre tuvo que dejar de fumar, modificar su dieta a una saludable y asumir actividades moderadas. No más cabalgatas, trotar o rutina de gimnasio. Se prescribieron chequeos quincenales. Una pequeña cuna vestida con encajes y cantidades de pañales, sudaderas, pijamas, calcetines y guantes, se coleccionaron, obviamente demasiado temprano, y un poco grandes de tamaño.

De vez en cuando surgían desacuerdos con respecto a la elección de mi nombre o si mi semejanza sería más como mi madre o mi padre. En ese momento la opinión de la abuela no se tomaba mucho en consideración, todavía. Esto continuó durante meses, mientras crecí y crecí y crecí. Entonces cuando menos se esperaba me convertí en Facundo, la segunda generación de Facundo Marval.

Desde que nací estuve rodeado de gente feliz: Ma, Pa y la abuela. Siempre había mucha risa. En aquel entonces, aprendí que lo único que puede expresar mejor los sentimientos que la palabra escrita o hablada es una buena risa y un cálido abrazo.

Desde el principio, yo estuve mucho más adentro de los sentimientos de mi madre de lo que jamás ella supo. Comprendía más claramente, lo que ella no decía de lo que expresaba. Podía leer sus pensamientos, especialmente aquellos que eventualmente estarían escritos en su diario sobre lo que nos rodeaba...

"La vista de la cresta de la montaña y la sensación de la fresca brisa que bajaba circulando en remolinos desde el norte, mezclada con la fragancia de los verdes pastos, la vista de los dientes de león y los silenciosos murmullos de la primavera de la montaña eran embriagante..."

Todo me recuerda a ti madre y lo agradecido que estoy de ser tu hijo y cuánto te amo y lo triste que estoy porque nunca te lo dije. Mi madre y yo vivíamos simplemente en el mismo mundo. Nos entendíamos porque el corazón habla el único idioma que verdaderamente entendemos. Algunos lo llaman amor. Mi Madre me enseñó ese lenguaje, desde el principio a través de sus gestos. Nunca hablamos de eso. Mi querida mamá y yo dependíamos mucho psicológicamente el uno del otro.

Una vez muchos años después, cuando yo era un hombre adulto en gran angustia, todo lo que podía pensar y llorar era: "¡Necesito a mi Madre, necesito a mi Madre!"

Parece que vino a mi rescate, porque inmediatamente sentí una renovada energía para aguantar. ¡Oh! Cómo me arrepiento de no haberle dado el apoyo, el amor y la comprensión, cuando más lo necesitaba.

***

Entonces en 1944 mi hermana pequeña vino. Todo cambió. La casa, el rancho, las vacas y toda la familia tomaron un segundo lugar y todo comenzó a girar alrededor de ella. Elabore un pequeño chiste diciendo que ella se convirtió en la señora de la casa tomando el lugar de mamá y haciendo que todos siguiéramos sólo sus deseos.

La llamamos Isabel en honor a mi Madre, porque ella era una copia perfecta de ella, desde sus ojos expresivos hasta sus pequeños y gorditos dedos, la segunda generación de Isabel Marval. Yo ya tenía tres años cuando esto sucedió y por alguna razón, incluso a esa temprana edad, me sentí directamente responsable de ella, incluso sobre mi madre o padre o abuela.

Capítulo 3

A setecientos kilómetros de nuestro pueblo de El Dorado, se encontraba la capital del país. Un valle increíblemente hermoso, llamado "Santiago de León", separado del mar por una montaña masiva, "El Ávila".

Temprano en la mañana antes de que el rocío húmedo se secara. El general, el dictador, que había estado gobernando el país durante treinta años, cabalgaba a su negro semental alrededor de su terreno de recreo personal como de costumbre. Dos hombres responsables de su seguridad cabalgaron detrás, cerca de él, pero no demasiado cerca para interferir con su sentido de libertad personal. El enérgico caballo estaba particularmente animado. Ese día se encontraba en un estado de ánimo agradable y muy optimista acerca de su decisión de renovar su gabinete con una generación más tecnocrática.

Diariamente, durante una hora cabalgó a través de sus jardines privados y campos de caza, antes de volver a desayunar con sus ayudas más cercanas. El chocolate caliente y churros era la comida del día, que todos consumían en porciones pequeñas tratando de ser muy discreto, porque el general era muy atento sobre los modales de la mesa. Estos detalles preferidos le daban la sensación de una educación de clase alta y la pertenencia a alguna élite, en lugar de su comienzo real y rústico. Para él, esta era una cuestión importante de autoestima.

En la Pequeña Venecia la mayoría de los dictadores surgieron de un grupo de matones del tercer grado, que crecieron, se matricularon en el ejército, eventualmente se convirtieron en generales, y con sus camaradas, aterrorizaron a la nación, vistieron los cofres del tesoro del estado, todo en nombre de Una revolución que nunca existió, haciendo a la gente más pobre y destruyendo su autoestima, general tras general, generación tras generación ...

El General era sólo un pseudo-revolucionario con un estilo autocrático de liderazgo. Se hizo creer que estaba llevando a cabo una guerra justificada y real, en la protección de las clases bajas contra la burguesía, aunque el razonamiento de esta guerra era sólo un producto de su imaginación. No entendía el papel de la clase de creación de empleo. Al hacerlo, condujo a los inversores a cero, destruyó la oferta de trabajo y en un esfuerzo por sustituir a estos aliados, el servicio civil militarizado. El resultado fue desastroso: escasez de bienes y servicios, desempleo, devaluación de la moneda, inflación astronómica, en definitiva caos total.

Estaba convencido de que nada era enteramente falso o completamente cierto, y aprovechaba constantemente esa ambigüedad. Sabía que en la historia de la humanidad nada había sido probado absolutamente, y constantemente justificaba sus fracasos culpando a una cabra de chivo, "Los ricos".
Contradictorio, todo había sido probado relativamente claramente ya y él lo sabía. Cualquiera puede estar bien o mal a veces y cuando se hace obvio que uno está mal, debe admitirlo y cambiar de rumbo, porque cualquier cosa podría ser posible bajo las circunstancias adecuadas.

Le resultaba más fácil interpretar a otras personas que él y le gustaba profundizar en sus mentes, como si estuviera buscando las respuestas que no tenía. La inspiración estaba "A flor de piel" como dicen los españoles, porque pseudo-revolucionarios están en todas partes.

Se necesitaron muchos colores para describir al General, porque él tenía la habilidad de cambiar como un Camaleón según el clima político. Esto generó sentimientos apasionados, a favor y en contra de su persona. El desafío aquí no era separar lo que podía ser real de lo que no podía, o lo que pasaba en contra de lo que no lo hacía, porque todo era posible. Después de todo, la realidad supera a la ficción todo el tiempo. Nada puede ser más increíble que la realidad y era la forma en que estaban las cosas entonces.

Se consideraba un Libertador, quien supuestamente facilitaría las acciones de las personas para liberarse de los opresores, que no les permitían alcanzar su propio destino en la vida. Promoviendo las diferencias de clase para perpetuar su dominación, el general se convirtió tristemente en el opresor. Cuando todo el mundo está en falta, la justicia no puede ser servida. Ese era el estado de cosas entonces.

Todavía estoy triste por toda la miseria, el hambre y la persecución que prevalecía en ese momento, como siempre por una sola razón: la codicia. Afortunadamente, los puntos de vista polémicos hacen que la gente piense y tome decisiones y elija. Con el tiempo...

***

Una de las dos maneras de clasificar un país es por la eficiencia del servicio postal y la otra cual compasivo sea para con los inmigrantes. Si las cartas y los paquetes llegan a tiempo y no se pierden en el camino, es un muy buen indicador de que el país se maneja bien. Demuestra que las personas se respetan mutuamente y son civilizadas. La seguridad de que el correo no está siendo manipulado aumenta la confianza de las personas. Ideas, sueños y oportunidades fluyen sobre los ríeles del Sistema Postal. Durante el mandato del General el correo era interceptado, censurado y finalmente perdido!

Los inmigrantes, por otra parte, son las únicas personas en el mundo, que por elección están donde quieren estar. No por las circunstancias ni por la fuerza - libres. No importa de dónde vienen, pagan un precio caro: La nostalgia por el viejo país que quedo atrás.

Un país es la base sobre la cual se apoyan todas las familias. ¡Si falla, todo el mundo está condenado! Durante el mandato del General no había inmigrantes. Ese era el estado de las cosas en la Pequeña Venecia.

***

Un miserable ser humano, con una cicatriz cosida en su recién afeitada cabeza, que se pasó la vida robando en los agujeros más profundos de las ratas, junto con un socio similar, estrangulo, robo y dejó a un hombre muerto en medio de la oscuridad en el camino hacia El Dorado. Llevó su camioneta al taller de desmantelamiento más cercano para ser desmantelada y vendida por partes.

Tres días después nos enteramos, cuando la policía llegó a nuestra puerta, el difunto era mi padre, la primera generación de Facundo Marval. Se desangró moribundo en medio de una lluvia torrencial y finalmente fue descubierto accidentalmente por dos hombres a caballo que pasaban.

Todo el sistema se estaba pudriendo bajo los pies de los Generales y yo perdí a mi padre, acciones similares estaban siendo perpetradas por criminales comunes, políticos y empresarios por igual, en una sociedad que simplemente no entendía.

***

Esta tragedia cambió nuestras vidas. Pasó en marzo dos meses antes de yo cumplir nueve años y mi hermana pequeña seis. Ma decidió allí mismo y que no quería vernos crecer bajo un estado tan horrible de asuntos y tomó medidas inmediatas para vender el rancho con el fin de alejarse lo más lejos posible.

El destino elegido, después de una breve escala en el apartamento de mi abuela en la capital, fue Miami, Florida, un lugar donde muchas personas con sueños o se fueron o querían ir. Se rompió el corazón de mi abuela al descubrir que después de tantos años de amor y trabajo duro, el rancho de búfalo de agua sólo trajo treinta mil dólares, contando toda la tierra, la casa blanca, el jardín de rosas, cada acto de amor y cada cuerno.

Ma invitó a la abuela a unirse a nosotros en el viaje y ayudar a cuidar de nosotros los niños, mientras ella habría terreno. La abuela argumentó que sólo el cambio de aire, por no mencionar el lenguaje, la mataría. En el fondo, sabíamos que en su caso eso era probablemente cierto. Algunas personas no pueden separarse de sus raíces.

Argumentó e insistió en que si se alejaba, ¿Quién se tomará la molestia, de vez en cuando, de ir a El Dorado y regar el césped y colocar flores frescas en la tumba de su hijo? Ella no estaba equivocada, no había nadie más. Pero ¿Cómo explicar a una abuelita afligida que el césped más verde y las flores más frescas se cultivan en la capa más profunda del suelo de tu propia alma, bajo el agua perpetua y el sol más brillante. ¡Imposible!

En cambio, propuso que la niña Isabel pudiera quedarse con ella hasta que las cosas se aclararan. Para reforzar la idea explicó que Isabel tenía sólo seis años y era muy adaptable y que no era la primera vez que una abuela venía a rescatar en caso de emergencias. Sólo de oír la idea nos hizo temblar, pero en ese momento no pudimos pensar en otra solución.

Así que pasamos una semana en la casa de la abuela arreglando todos los documentos de viaje y nos separamos, sabiendo muy bien que nos iba a tomar algún tiempo antes de ver a Isabel y a la abuela otra vez. La abuela abrazó a Ma y luego a mí, la única manera que ella sabía para expresar amor y ternura. ¡Con una buena risa y un duro abrazo! Luego susurró un pequeño secreto en silencio en el oído de Ma.

Más tarde, sentado en el avión le pregunté a mamá ¿Qué te dijo la abuela a su oído? "Quiero ser enterrada en el nicho, al lado de mi hijo Facundo", respondió mamá.

***

Una vez que llegamos al aeropuerto de Miami, nos llevaron a un cubículo especial, donde se colocaba a los extranjeros no debidamente documentados. Allí discutimos nuestro caso en términos de la extrema dificultad psicológica que tuvimos que soportar mientras vivíamos bajo el régimen del General y pedíamos, por motivos de compasión, que nos permitieran quedar. No cumplíamos con las regulaciones de asilo de la época, porque "nuestra vida no estaba en peligro", lo cual probablemente era cierto en el corto plazo.

Como último recurso, invocamos el incidente de mi padre como un ejemplo de lo que nos esperaba allí. A lo que argumentaron, que un acto criminal como ese podía ocurrir en cualquier parte del mundo y no era el resultado de una selección política. No nos calificaron y nos ordenaron volver.

Todavía vivo con la impresión de que el oficial de inmigración que procesó nuestro caso tenía simpatía por nosotros y estaba de nuestro lado, pero sus manos estaban atadas a un rollo de mecha como un cometa enredado en las líneas eléctricas. Muchos años más tarde, se ha reconocido que las condiciones peligrosas generalizadas en una región, son motivos para conceder la elegibilidad y otorgar a las personas el estatus de "refugiado".

Como comentó más tarde mi madre en su diario:

"Nos encontramos en la mayor situación de nuestras vidas. Estaba claro que teníamos que salir de Miami al día siguiente, pero volver directamente al país del que estábamos huyendo, era una manera devastadora de aceptar el fracaso. Nuestras vidas serían destruidas, si al menos no intentáramos hacer una buena pelea. Pero, ¿dónde podríamos ir? Fue entonces cuando vino a mi mente la idea de detenerme en Cuba. Después de todo, el vuelo de Miami a Santiago de León hizo una rápida parada en La Havana... "

Mi madre habló conmigo y yo le dije: "Por qué no, nunca hemos estado en La Havana. La gente dice que es agradable allí. "

Mis palabras de estímulo fueron suficientes para que ella recuperara nueva energía, para que ambos continuáramos nuestra lucha por la supervivencia. Hicimos arreglos con la aerolínea y pronto nos encontramos tomando un paseo por la tarde mimados por la brisa cálida del "Malecón de la Havana".

Después, la madre y el hijo se instalaron en un albergue no turístico de clase modesta, en medio de la carretera, y estaban entonces buscando un cálido plato de sopa y pan como comida de la noche. Murmurándose uno al otro con honesta grandes esperanzas, "Mañana es otro día..."

Al día siguiente, con las optimistas energías de los grandes luchadores, nos instalamos a tomar una taza de café mientras hojeábamos el periódico de la mañana para buscar un trabajo rápido.

Las fuerzas mayores de la naturaleza ayudan a aquellos que se esfuerzan en buscar una causa justa. Mamá fue contratada como camarera y yo como ayudante de botones en el Hotel Tropicana, de todos los lugares. ¡Nada como comenzar en una posición humilde, en un establecimiento más que famoso, para enseñar humildad a la más arrogante de las almas!

Tomamos nuestro nuevo comienzo con gracia y comunicamos las buenas nuevas a la abuela en una carta muy melancólica. Destacando lo agradecidos que estábamos a Cuba por abrir una puerta inesperada para nosotros, para continuar nuestro viaje después de un cambio terrible. Expresando nuestros deseos por la abuela y la salud y el bienestar de Isabel, esperando reunirse tan pronto como las circunstancias lo permitieran...

****

Las circunstancias no lo permitían, pasaban los días, los meses y los años. ¡Dieciocho años! General, después de general, después de general... Nosotros que éramos relativamente jóvenes en el momento de la partida (mamá veintinueve, abuela cuarenta y nueve, Isabel seis y yo nueve) habíamos envejecido. Isabel se volvio tan apegada a la abuela, que en el momento del fallecimiento de su abuela la amaba más que su propia madre y bajo ninguna circunstancia consideraría dejar el país. La abuela fue enterrada según su voluntad, al lado de su hijo Facundo en el cementerio de El Dorado.

Estuvimos con Isabel por dos semanas. Durante la visita descubrimos que Isabel estaba comprometida para casarse, mantenía un trabajo estable como enfermera en Santiago de León, tenía un grupo social y una vida muy satisfactoria. Lógicamente ella era la única beneficiaria en la voluntad de la abuela. Mamá y yo concluimos que el resultado de la vida de Isabel fue una consecuencia directa de nuestra decisión de dejarla detrás. El tiempo paso tan rápido, que no nos dimos cuenta de que estábamos perdiendo parte de nuestra familia. Ignorando el daño que estábamos causando.

II - La Duquesa

Adiós mi querida amiga
Pues nunca te veré de nuevo
Mi corazón se ha agotado
Por querer y amar demasiado
Mejor demasiado y mucho, que nunca
Mejor muerto que vivo sin ti mi querida amiga

Adiós mi querida amiga
Pues nunca te veré de nuevo
Gracias por la compañía
Gracias por entender
Mi corazón se ha agotado
De tanta ternura y cuidado

Mejor de esta manera que nunca
Mejor sufriendo que en paz sin ti mi querida amiga...

Capítulo 4

En ese momento yo solía ponerle apodo (sobrenombres) todo. Gatos, perros, caballos y cualquier otra cosa que se movía. Su verdadero nombre era Marilú, pero la apodé "La Duquesa". Pensándolo bien, porque sonaba correcto y tal vez porque esta descripción se parecía mucho a ella. Era muy distinguida, esbelta, llevaba una mirada lánguida que le daba un aire real y la libertad de moverse a su antojo.

Usualmente en los primeros días ella era muy divertido estar con ella, a menudo juguetona, rara vez triste, su apariencia general para el mundo, era la de una dama feliz. Y también porque un día me dijo que se casaría con un "príncipe" y yo también me consideraba un pequeño príncipe. Definitivamente era una princesa, se comportaba como una, y esperaba que todos la reconocieran como tal.

Primero cruzamos caminos en Havana Cuba alrededor de 1951, cuando ella y su padre se trasladaron a la casa de al lado de la nuestra, donde yo vivía con mi madre. Yo tenía diez años, ella tenía siete años. En ese momento yo no estaba muy interesado en las chicas y la ignoraba totalmente hasta que tenía diez y yo trece años, cuando de repente parecía que teníamos algo en común para hablar.

Alrededor de ese tiempo lo primero que notamos fue que mi madre y su padre tenían más que una relación causal y a menudo hablaban mientras regaban las plantas de los pequeños jardines que daban a nuestras casas. Cada uno en su lado de su cerca al principio, entonces comenzaron a venir a la casa de cada uno para el café ocasional. Más tarde a menudo una noche o dos al mes, a escuchar música y beber vino en el bar alrededor de la esquina. No sabíamos nada más, pero eso fue suficiente para llamar nuestra atención y hacernos comenzar nuestra propia amistad.

Ella me confió que jamás recordaba tener una madre ni ningún detalle sobre ella, ya que su padre se negaba a hablar de ella e incluso a pronunciar su nombre.

Llegamos a la conclusión de que ella probablemente lo había tratado muy mal y lo había herido de una manera profunda e irreparable, para que él se comportara así y la despidiera por completo. Probablemente huyó con otro hombre.

La Duquesa señaló en ese momento que estaba dispuesta a perdonarla porque la extrañaba tanto. Ella señaló verdaderamente que todo el mundo merece tener una madre. Incluso dijo que a veces, cuando se miraba en el espejo, se imaginaba mirar un poco a su madre y jugaba ligeras variaciones en su forma nostálgica.

Estuve de acuerdo de todo corazón con ella, porque también echaba mucho de menos a mi padre. Aunque sabía con certeza que nos dejó y fue enterrado en El Dorado, a veces nos imaginábamos cruzar caminos. Mi madre siempre estaba diciendo cosas buenas sobre él y cuánto nos amaba a su manera. Las madres suelen hacer eso, porque no quieren que crezcamos con resentimientos en nuestros corazones, porque saben que nos lastimaría aún más.

El propio padre de La Duquesa era un comerciante de fina seda y otras telas de Damasco, que acabó en Cuba como último recurso. Porque también en el último momento fuera del barco él no fue dejado entrar a los Estados Unidos y no tenía dinero para volver todo el camino de regreso

Finalmente, después de realizar una miríada de trabajos extraños en Cuba, pudo ahorrar bastante dinero, usar sus contactos dentro del comercio, importar telas al país y abrir su propia tienda, en un momento en que afortunadamente las damas, o sus costureras, hacían sus propios vestidos. El prosperó.

Su tienda estaba a pocas cuadras de nuestras casas, muy convenientemente ubicada a poca distancia. En ese momento mi madre trabajaba como telegrafista en la oficina de correos y, a menudo, se turnaba con el padre de La Duquesa para llevarnos a los niños a la escuela.

El tiempo pasó a través de la escuela primaria y secundaria. La Duquesa y yo progresamos de los mejores amigos, a noviecitos y eventualmente a mi novia comprometida.

El día de mi baile de graduación en 1958, lleve a La Duquesa como mi compañera muy especial. Llevaba un vestido de color perla de la mejor calidad, hecho especialmente para ella por mi madre y la mejor tela que su padre pudiera encontrar en la tienda. Esa noche coloque mi anillo de graduación en su dedo y prometí amarla "Para siempre". Yo tenía diecisiete años y ella catorce.

Para ese entonces La Duquesa, su padre, mi mamá y yo ya éramos familia. La que ninguno de nosotros antes tuvo, pero aún vivíamos la una al lado de la otra.

***

Los siguientes años trajeron profundos y amplios cambios. Fue en 1959. Fidel Castro y sus milicianos descendieron de las montañas y derrocaron al régimen del gobierno de Fulgencio Batista. El poderoso dictador, vestido permanentemente con su traje de lino blanco, quien huyó a la República Dominicana.

Desde entonces, Cuba cambió para siempre y, finalmente, mi mamá y yo nos vimos obligados a reevaluar nuestra situación. El dilema se convirtió en: permanecer bajo el sistema político comunista rápidamente cambiante o mudarnos a Miami protegidos bajo nuestro nuevo estado y establecernos allí.

No era una elección fácil, porque mi madre ya estaba profundamente sentimentalmente involucrada con el padre de La Duquesa y yo con La Duquesa. Mi madre se agotó tratando de convencerlos de que salir no era deseable sino muy conveniente para todos nosotros. Su opinión era que no teníamos que aceptarlo, y debíamos mudarnos a Miami y comenzar una nueva vida lejos de las circunstancias extremadamente controladoras.

Inmediatamente fuimos divididos por una ideología de nacionalismo extremo. El padre y La Duquesa decidieron quedarse, porque sobre todo se consideraban "cubanos". Por el contrario mi madre y yo decidimos marcharnos, porque nos veíamos, sobre todo como "Individuos", que merecen ser felices. Simplemente ellos nos consideraban egoístas y no leales al país, la causa y la revolución...

Las llamadas revoluciones socialistas parecían perseguirnos por todas partes. Por segunda vez en nuestras vidas tuvimos que considerar exiliarnos a nosotros mismos para mantener nuestras libertades personales y tratar de vivir en paz.

Este debate duró cinco años, durante los cual logré pasar por la escuela de medicina y La Duquesa hasta la secundaria. El desenlace finalmente llegó en 1964.

¿Qué se supone que debe hacerse? Ser leal a su país adoptivo y las preferencias de los seres queridos y al hacerlo estar descontento con uno mismo el resto de una vida, o huir. Nos fuimos y pronto nos encontró viviendo en una habitación alquilada en La "Pequeña Havana", mi mamá trabajando en Bloomindale y yo como enfermero en el Hospital de Hialeah. Escribíamos a Cuba cada semana pidiendo un poco de comprensión y la indulgencia del sueño de estar juntos una vez más. El tiempo demostró que no sirvió de nada. Desde entonces, todos fingimos seguir viviendo al lado del uno al otro durante los próximos diez años, aunque estábamos a kilómetros de distancia.

***

Las libertades civiles disminuyeron mucho en Cuba y el país era fuertemente subsidiado por la Unión Soviética sin signos de reversión. Era 1974. Tratamos una vez más de convencer a nuestros dos amores dejados atrás, de venir con nosotros, en vano. Por este tiempo me las arreglé para validar mis credenciales médicas y fui reconocido como médico en el estado de Florida. Yo tenía treinta y tres años. Mi mamá ya tenía cincuenta y tres años y estaba más cerca de jubilarse de su trabajo en Bloomindale. Ninguno de nosotros había considerado ninguna otra solución sentimental a nuestras vidas, excepto las posibilidades de que los "queridos vecinos de al lado" cambiaran de opinión y eventualmente llegarían a vivir con nosotros.

Yo personalmente le pedí a La Duquesa que convenciera a su padre, que ya tenía sesenta y tres años, de mudarse con ella a Florida, bajo nuestro patrocinio, pero se negó. No podía comprender las razones de su terquedad, ya que ni siquiera era cubano (siempre se negó a renunciar a su ciudadanía original), no podía hablar con fluidez la lengua y el país financieramente hablando no le había sido particularmente generoso. Por el contrario, las cosas estaban muy apretadas. ¡Algunos extranjeros pueden ser más nacionalistas hacia su país adoptivo que el Himno Nacional! Él era uno de ellos.

Habíamos pasado por tiempos buenos, malos y peores durante mucho, mucho tiempo, juntos. Esto decía mucho de ella y de mí, porque después de tantos altibajos, algunos se habrían dado por vencidos hace mucho tiempo. No nosotros, nos enfrentamos a ello. Finalmente lo hicimos, porque parece que todo es menos que eterno. Sin embargo, nuestras vidas chocaron a menudo, también por un largo, largo tiempo.

"No tengo a nadie con quien hablar sobre estas cosas".

Solía decir como disculpándose, cada vez que me llamaba a Miami, desde Cuba. No esperaba ser de mucha ayuda, especialmente teniendo en cuenta que no tenía la mejor de las cabezas en ese momento, pero al parecer ella pensaba que si la tenía.

"Está bien, escucharé sin interrupción, aunque tome una hora y luego te daré mi opinión".

Y escuché, escuché y escuché... Cuando sentí que no tenía nada más que decir, porque ella empezaba a sollozar, entonces yo le decía:

"Mira Duquesa, la vida no se comporta como deseamos. El mundo no gira alrededor de nosotros. Nosotros somos los que tenemos que adaptarnos a cada situación, de lo contrario lo hacemos más difícil".

"Pero…"

¡Ella insistía, porque siempre tenía que tener la última palabra!

"Tu puede pensar de otra manera, pero eso no va a cambiar las cosas", le decía yo.

Cuando se daba cuenta de que yo no iba a complacer sus deseos, culpando a otras almas por sus desgracias, concluía que era hora de cambiar de tema y terminar la llamada. Pero la mayor parte del tiempo recibía noticias sobre ella, a través de conocidos comunes, que ratificaban lo obstinada que podía ser a veces.

***

Muchas veces le dije a La Duquesa que pensara en nuestro futuro junto en Florida, pero su respuesta fue categórica: "Nunca dejaré a mi padre atrás". Eso lo entendía, porque sabía que si me colocaran en la misma situación, tampoco dejaría atrás a mi madre. Esta leal cualidad nos ha mantenido separados hasta ahora.

Al año siguiente recibí una llamada urgente de La Duquesa que me decía que su padre estaba enfermo en el hospital y me preguntaba si estaba dispuesto a estar con ella y con él en sus últimos momentos. Después de todo, dijo, yo era la única persona que podía pensar en estar con ella en ese momento. Éramos la única familia que tenía. Realmente no podía, pero no pude rechazar.

Mi mamá insistió en que ella también vendría.

Llegamos a la unidad de cuidados intensivos en el hospital y tan pronto como llegamos allí una enfermera se apresuró a la habitación del padre de La Duquesa, diciendo "espero que lleguemos a tiempo". La Duquesa estaba de pie al lado de su padre sosteniendo su escuálida mano, cuando le susurré: "Aquí estamos..." me miró, luego a mi mamá y luego al anciano. Sin decir una palabra, expiró poco después y se lo llevaron. Tenía 70 años. No sufrió mucho.

Más tarde, durante nuestra conversación en la cafetería, la duquesa nos informó que era el deseo de su padre no tener un entierro como tal, excepto nuestra presencia durante la ceremonia de la cremación. Al día siguiente todo estaba arreglado y hecho como él quería. Entre todo nos alojamos una semana, en la casa de la Duquesa y nos tomamos el tiempo para revisar el barrio.

Durante nuestros paseos muchos recuerdos volvieron.

Después que la semana terminó nos fuimos a Miami, mi mamá a su rutina de casa jubilada y a cuidar de mí y yo a mis deberes del hospital. En el aeropuerto, cuando abracé a La Duquesa por última vez, tuve la tentación de recordarle que mi invitación permanente a venir y unirse a mí en Miami siempre estaba en pie, pero al final no consideré que el momento y el lugar eran el apropiado a razón de los eventos recientes...

En el camino a casa en el avión, le pregunté a mi mamá cuántas veces había intentado en el pasado a convencer al padre de La Duquesa para mudarse a Miami con ella y ella respondió, "innumerables". Ves Facundo, algunas personas son rígidas sobre algunas cosas y esa fue una de sus maneras. Para ellos no es un asunto negociable, aunque su vida dependa de ello.

Nosotros, tenemos que aprender a vivir sin ellos, lo he hecho, y no tuve elección. Ahora está todo en el pasado, sólo historia... Me pregunté si La Duquesa heredó esa característica de su padre también.

***

Tan pronto como me puse al día con mis deberes en el hospital, le escribí a La Duquesa una corta carta.

Querida Marilú:

A pesar de las tristes circunstancias que nos unieron en esta ocasión, me alegré de estar cerca de ti una vez más. Mi mamá y yo comentábamos que de vez en cuando la vida nos da la oportunidad de descubrir, una vez más, lo que nos es querido.

Debo decir que tú ocupas ese lugar en mi corazón. La pregunta sigue siendo: ¿Qué vamos a hacer al respecto? Durante todos estos años ha sido tan claro para mí que mi mamá le pertenece a tu padre y que tú me perteneces a mí. La naturaleza fue a extremos para situarnos en el mismo camino. Creo que es tiempo de reconocer ese hecho. Ahora que tu padre nos ha dejado, no veo ninguna razón para impedirte venir a Miami y unirte a mamá ya mí.

Estoy tan seguro de que esto es para nosotros, que creo que deberíamos formalizar nuestros votos de boda poco después de tu llegada. Sé que este resultado habría complacido a tu padre y ciertamente tenemos la bendición de mi mamá para acompañarnos. Por favor, da a esta propuesta tu más seria atención y por favor ten en cuenta que me harías la persona más feliz en la tierra,

Tuyo siempre,

Facundo

Pasaron dos semanas y no recibí ninguna respuesta de La Duquesa. Yo estaba seguro de que estaba luchando con mi propuesta, pero ¿Por qué? Ahora era libre de elegir sin más consideraciones o impedimentos. Pero el alma humana tiene muchas formas extrañas de tratar con idénticas circunstancias.

Estaba obligado a darle sentido a todo esto en nombre de ella y mío propio. No sabía cómo, pero alguien tenía que hacerlo. Yo era el solucionador de rompecabezas recién nombrado y además yo era el hombre, que siempre esperaba encontrar el camino. Nuestras vidas continuaron independientemente, a distancia, pero continuaron.

***

Una vez Isabel, mi hermana, me escribió una carta que cubría los años de ausencia que habían transcurrido desde que la abuela murió. Afortunadamente, ella continuó siendo felizmente casada, y era la madre de dos finos adolescentes, un muchacho y una muchacha.

Tristemente, informó que el país ha ido de mal en peor, particularmente en lo que respecta a la seguridad, ya que la delincuencia se ha salido de control. Económicamente también muy mal ya que la moneda se ha convertido en casi inútil y la gente recurrió a intercambio y comercio informal como una manera de resolverse. El gobierno ha perdido el control de todos los aspectos concebibles de la administración pública y permanece en el poder por la fuerza, sostenido sólo por el apoyo del ejército que promete la alianza a cambio de sobornos.

Personalmente ellos han seguido el mismo camino que mi papá había propuesto y están operando una pequeña granja cerca de El Dorado de todos los lugares, lo que les da lo suficiente para vivir y tener cierto grado de independencia. Dios los bendiga y tenga piedad de mi querida Venecia.

***

Han pasado diecisiete años. Llamé desde Miami Florida y no he hablado con La Duquesa desde hace más de dos años. No porque no intentáramos sino porque no nos comunicamos cada vez. Lo que estaba ocurriendo en este momento era el resultado del mal manejo de una serie de pequeñeces, que se habían convertido en montañas de rencores. Cuando éramos pequeños La Duquesa y yo éramos muy unidos. Nos ahorcamos el uno al otro mientras escalamos nuestras dificultades, pero al final ella creció y se volvió hacia extraños para pedir ayuda.

El que eligió fue Feliciano Madrid, un sinvergüenza. Él poseía tierra sólo por el hecho de tenerla. Un "saltinbanquen", que pudo heredar sus títulos sin ganárselos. Tenía la piel bronceada y cabello gris y parecía que hubiera vivido por siempre. Durante su vida se aprovechó de esa tierra sin hacer nada, sólo vendiendo o arrendando principalmente derechos fraudulentos. Esta fue la mala hierba que La Duquesa dejó crecer en su jardín.

La verdad suele ser tan esquiva como una pantera que atraviesa la selva en la oscuridad, mezclando sus parches de piel amarillos y negros, contra el azul verdoso-negro del bosque húmedo y brumoso. Cualquier cosa que logremos pensar que es, no lo es, aunque esté allí. ¿Realmente esto sucedió? Sólo la selva de nuestra mente subconsciente sabe.

***

Sólo había treinta y seis kilómetros desde la isla de Cuba hasta el continente de la Florida y unos cuantos más de Havana a Miami, pero las diferencias filosóficas de La Duquesa y yo nos situaban a una distancia astronómica. Personalmente la encontré fuera de mi alcance, aunque traté de entender.

Para poder negociar esas diferencias se necesitaba más valor que toda el agua del tramo de mar que uno tenía que cruzar. Lo que lo hizo aún más difícil fue el conocimiento de que al hacerlo, uno podría cambiar radicalmente su vida, y tal vez llegar a un punto de no retorno. Eso era espantoso.

La pregunta no era lo buena que la persona que se dejó atrás es, pero cuánto amor quedo atrás y cuánto se echan de menos. Al final, todo lo que se hace - basándose en eso - no se puede deshacer.

Como me enteré más tarde estaba muy enferma, enferma terminal con un cáncer que la estaba comiendo viva. Ella decidió no decirme y usar la enfermedad para acabar con su sufrimiento y para ahorrarme el mío. Una vez pensé en hacer lo mismo para exonerar a mi familia y a mí de los horrores de la muerte y en vez decidí escribir una dulce carta de despedida a cada uno, explicando mi decisión, como un acto de compasión cuando mi tiempo llegara.

Pero la gente cambia de opinión. Lo hice y ella también lo hizo, sobre la base de que el silencio al final no le hacía justicia a nadie, porque se espera que las almas digan algo, porque sería la última oportunidad y las palabras habladas sobrepasan el tiempo. Así que, eventualmente recibí una llamada telefónica de La Duquesa, no pidiendo pero rogando que estuviera a su lado antes de que falleciera.

Estaba agradecido por su petición y extremadamente triste por las razones de ella. Al final me fui y fue una buena decisión, porque la muerte tiene que ser abordada directamente por los que están en ella y los que están conectados a ellos en cualquier forma. Esta es una de las reglas más elementales de la vida. El tiempo no permite la indecisión.

***

¿Y cómo estás tú, Duquesa? Le pregunté después de un breve silencio mientras nos miramos a los ojos, esperando una reacción, cualquier tipo de reacción.

"Estoy bien", dijo.

"Todavía sé quién soy y dónde estoy, y sé dónde voy a estar pronto", dijo.

¿Adónde vas Duquesa? Pregunté como si no lo supiera.

"A ninguna parte", dijo con una lágrima cayendo sobre su mejilla. Sé que no vamos a ninguna parte.

Era Christmas1991 y yo tenía 50. Siempre que La Duquesa se enfermaba sucedía siempre en diciembre, ella no tenía ningún control sobre ello, era simplemente su mes. La muerte es una cosa traicionera...

***

Creo en el cambio, el cambio progresivo. Del mismo modo, no creo en las revoluciones, especialmente las que se llevan a cabo en nombre del pueblo. Pronto estos movimientos demagógicos sirven de plataformas para otras élites, trayendo mayores faltas. El cambio progresivo es la regla principal de la vida. Estoy asombrado de cómo algunas personas son reacias a aceptar este principio principal de la naturaleza, perdiendo las pequeñas alegrías de vivir con facilidad, y la oportunidad de morir en paz llevados por el flujo. Sin embargo, el único valor real y la respuesta a todo es el amor.

***

Al día siguiente, siendo un día de fiesta, tuve un comienzo lento, tratando de reconciliar las cosas. Eventualmente decidí visitar Joe's Bar, la casa de barrio lejos de casa, el lugar donde aquellos de nosotros que no tienen amigos van a validar la vida y obtener una opinión. Especialmente cuando uno no esta tan claro de mente y el tema de nuestras preocupaciones no es tan tangible, confiando en que con una bebida o dos se aclararán las cosas.

Las botellas estaban apiladas como soldaditos enfilados, en perfecta formación. El bar había estado atendiendo al mismo barrio durante cincuenta años. Sin contar los dos que opero bajo un nombre diferente, antes de que Joe lo comprara en 1947, dos años después de la guerra, entonces se llamaba "El Encuentro". Primero cambió el nombre por "Joe's Bar"; para enviar un claro mensaje de que allí él era el jefe. Luego renovó los dos baños y acolchó las sillas, con la premisa de que la gente viene a un bar principalmente para beber, y luego tienen el impulso de hacer pis, pero también para sentirse cómodos cuando se sientan a hablar.

Además de eso, nada más había cambiado, desde los días que mi madre solía ir allí con el padre de La Duquesa, incluso el polvo se había quedado, por lo que Joe comenzó a atraer a una multitud madura, curiosa por saber si había un verdadero Joe detrás de la barra Y si él era un buen oyente. Se podía decir que uno por uno de los clientes se convirtió en asiduos, porque encontraron un verdadero Joe detrás del bar y además era también un buen oyente. Algunos en días fijos, otros cuando querían sentirse bienvenidos en alguna parte. Para mí ya era hora de irme a casa. Al final la revolución había ganado, y nosotros, pobres nosotros, no tuvimos la oportunidad de amar...

***

Cuando llegué de regreso a Miami mi mamá noto la profunda tristeza en los pliegues de mi cara. Antes de que pudiera preguntarme algo.

Dije,
"Ella murió pacíficamente"
"Gracias a Dios, más sufrimiento al final no es justificación para quedarse más tiempo"

Para mí era como cerrar medio siglo de mi vida, porque siempre sentía que estaba viviendo para ella todo el tiempo, no importa lo lejano que terminamos siendo.

Alrededor de ese tiempo mi madre y yo nos trasladamos a la pequeña ciudad de Hollywood, al norte de Miami, donde mi mamá podía disfrutar de una jubilación más pacífica y yo podía tener un ambiente de pueblo más pequeño para dedicarme cada vez más a mi escritura, y cada vez menos a la práctica médica. Después de todo, mi rastro dorado me había proporcionado mucho que decir. Yo me había convertido en una autoridad en el arte de almacenar sentimientos en pequeños compartimentos. Para finalmente dejarlos salir por escrito como liberando blancas palomitas en el momento adecuado, una a la vez.

***

Capítulo 5

Esa noche de Navidad de 1992 yo estaba solo. Mi mamá ya se había retirado para la noche. Yo estaba sentado en mi silla de terciopelo preferida, con las piernas estiradas sobre un banquito, con los pies vestidos de calcetín rojo alineados hacia la chimenea. Estaba tratando de releer las memorias de Nabokov *'Speak, Mind'*, pero no podía. Mi propia mente deambulaba por la habitación de color púrpura apenas iluminada, obligándome a vislumbrar un pasado lejano.

Era un bosque, denso, húmedo y caliente, cortado en rodajas por una gran serpiente como un río, que de todos los lugares conocidos se me parecía al Amazonas. Mi espíritu me arrastró hacia el sur. Siempre quise huir de esos lugares. Mi deseo siempre había sido volar alto y hacia el norte, no bajo y hacia el sur. No tenía sentido.

Para ese entonces yo estaba ya familiarizado con lo inusual, que a menudo disfraza sus únicas formas peculiares de esta manera. Sentí que tenía asuntos pendientes y un deseo de resolverlos. Todos tenemos asuntos no resueltos del pasado, de vez en cuando, pero no hay manera práctica de tratarlos. Puse el asunto a un lado y me retire para la noche...

A la mañana siguiente decidí llamar a mi hermana. Ha pasado ya un año desde que murió La Duquesa y necesitaba hablar con alguien, además de Ma.

"La Sra. Isabel no está en casa ", dijo la doncella. Consciente de que yo podía oír los comandos que se le estaban diciendo. "Y si vuelve a llamar dígale que me fui a un largo viaje", oí decir a Isabel. La doncella repitió sus palabras y no hizo ningún esfuerzo para amordazar sus órdenes. Sabía que era un hábito de su señora.

Desde su juventud, siempre que quería que la gente supiera que no eran bienvenidos, hacía lo mismo. Era el modo de Isabel de manejar su propia realidad, siempre a través de otras personas. No recuerdo un momento, durante nuestra vida adulta, que en realidad hablara directamente "a ella", no "a través de ella", "pasándole a ella" o "a su alrededor".

A ella le era fácil sentirse ofendida porque dentro de ella había una pequeña persona siempre con miedo...

Hay un niño dentro de cada uno de nosotros, que se niega a crecer. ¿Quién sólo aparece en momentos de extrema soledad o tribulación, en aquellos momentos en que sentimos que habíamos sido atravesados en lo más profundo?

Desprevenido y asustado, sin embargo, esta pequeña persona se atreve a salir de la profundidad segura de nuestra alma, para ayudar, y sentimos su presencia con asombro, durante ese diálogo tan necesario, que tal vez dura unos segundos, pero que significa todo... Como cualquier persona pequeña en ese momento podríamos mirar hacia arriba a nuestra madre, a Dios o a las fuerzas mayores de la naturaleza pidiendo ayuda, y la mayor parte del tiempo la conseguiríamos.

***

No me ofendí en absoluto. Por el contrario, me envió un mensaje que de alguna manera sin saberlo ni siquiera quererlo, la había herido una vez más, una vez más desde que la dejamos atrás con su abuela. Por lo que realmente sentí, y por lo que tuve que pagar una vez más. Como he hecho cientos de veces antes. Verá que la conozco bastante bien, porque una vez, hace mucho tiempo, era mi hermana.

Colgué el teléfono, agarré mi maletín y mi paraguas y fui a mi negocio de enseñar Psicología en la Universidad de Miami. Esa mañana he dado el ejemplo de Isabel, como una personalidad manipuladora dependiente, que debe utilizar a otros para relacionarse con el medio ambiente. Incapaz para hacerlo ella misma, y obligada a dominar la manipulación al nivel del arte. Los libros de texto dicen que esta personalidad viene a ser, cuando alguien es tratado impersonalmente como un niño, es decir, como un objeto. Se educó no como un ser humano amoroso, sino más bien como una "muñeca" sentada o de pie solo allí...

Pasado el ejemplo, nos trasladamos a una disertación sobre el trabajo programado para el semestre. La psicología del amor, bajo dos premisas: ¿Es el amor una necesidad egocéntrica de atención? ¿Es un impulso exocéntrico para el bienestar? En otras palabras, ¿Es el verdadero amor "recibir" o "dar"?

Y termine diciendo: "Un poco por debajo del corazón están las cosas que no le decimos a nadie, ahí es donde están las historias reales. Sobre todo sueños sobre lo que deseamos de la vida, sobre todo las cosas que no se han hecho verdad todavía. Una vez que se convierten en realidad, se trasladan a un lugar diferente dentro de la sala de recuerdos buenos y malos.

Debo haber dicho algo brillantemente correcto, porque las fuerzas superiores de la naturaleza me recompensaron con un día relativamente pacífico dedicado principalmente a este dilema.

Al final del día llegué a una conclusión no-escolástica del amor. Me dije a mí mismo: "¿Sabes mi amigo lo que realmente es el amor? Bueno te lo voy a decir, el amor es cuando usted está en necesidad de un pedazo pequeño de trasplante de hígado, para poder seguir viviendo y una persona está dispuesta a dárselo a usted. ¡Esa persona te ama! "La decepcionante verdad es que casi nadie estaría dispuesto a hacer eso por ti, no importa cuánto crean que te quieren...

***

Mi hermana y yo, tan lejos como puedo recordar, siempre estuvimos muy cercanos. Es decir, hasta que la dejé con su abuela y poco después se casó, entonces nos alejamos lejos, muy lejos. Siempre fue un estado de ánimo, no basado en ningún evento específico, diría. Además, por acuerdo implícito decidimos (hace muchos años) no incluir a Ma en este controvertido tema. Isabel insistió en culparme por completo de todo lo malo que ocurrió independientemente y exoneró a Ma, porque sólo habría hecho que su vida fuera miserable durante sus últimos años, lo que acordamos era inhumano. Así que, durante años, Isabel me culpó exclusivamente y esto permitió que ella y Ma se correspondieran sin ser molestadas.

En virtud de ese acuerdo, también tuve que asumir el papel de hermano mayor a una edad temprana, que no siempre ejercí de acuerdo a su expectativa. Sin embargo ella todavía confió en mí durante un tiempo para guiar el camino y siguió en silencio, aunque era obvio que no siempre yo sabía a dónde ir. Este hecho apareció tan obvio más adelante, cuando nuestros roles cambiaron. Ella se hizo más iluminada y yo más oscuro...

"Lo siento. Puedes culparme de todo lo que pasó o de todo lo que no sucedió. Hice lo único que pude hacer." Le dije una vez, lo que me pareció una explicación lógica, pero no para ella. No la convencí en absoluto, quiero decir no en absoluto...

Finalmente, me perdí en un mar de letras y palabras, que apenas entendía, porque yo era ajeno al significado de ellas, pero sonaban bien y seguían las dulces notas, me convertí en un escritor de cartas. De repente pude pensar, soñar, hablar y escribir, y volverme relativamente feliz de nuevo, remendando parches en el tejido de mi vida.

Sobre todo escribí sobre mí en mis cartas a ella, no tenía otra referencia entre nosotros. Me puse y describí como un ejemplo de lo que se puede y no se puede lograr en la vida, casi disculpándome por ser quien era.

***

Querida Isabel:

Podría haber sido cualquier cosa, porque al parecer tenía suficientes talentos. Sólo que no elegí bien. Pasé la mayor parte de mi vida practicando en ser, no siendo. Podría haber sido en general cualquier cosa relacionada con las artes. En cambio, me convertí en médico, psiquiatra de todas las cosas. Por supuesto mi pasado no fue realizado...

Al final me volví tan valioso como las circunstancias me lo permitieron. Yo estaba atado a su voluntad. Mi personalidad no me permitiría trabajar hacia un propósito propio. Estaba obligado a hacerlo siempre pensando en alguien más, como si yo solo no contara o ni siquiera existiera.

Un gran sentimiento de culpa se apoderó de mí pensando que podía poseer o disfrutar algo sin compartirlo con alguien más. Se convirtió en un requisito para estar atado constantemente a los que se suponía que me amaban. No fue sólo el rechazo de las ideas en términos de una palabra o dos. Tenía que ver con el total error de quién yo era. Esto fue suficiente para que quisiera gritar "¡No soy así!"

Se convirtió en una vida de privación sobre todo por la ausencia de paz y seguridad, en lugar de simplemente no tener. Crecí siendo apenas clase media en todos los aspectos. Hacer sin tener algunas cosas era nuestra manera, y nos hizo llevar la carga pesada de ser pretencioso, educado y pobre, al mismo tiempo. Sin embargo, trajo un beneficio adicional cuando llegó el momento, también podría ser generoso, humilde y fuerte.

Así que después de más de treinta años de vivir así, todavía no sé si fui la persona más estúpida o por el contrario la persona más versátil de todos los tiempos. Por separado, dominaba el arte de la conversación y la escritura. Podría escribir o hablar todo el día y nunca decir una palabra. Sé que es difícil de entender. No quería ser sólo un agricultor, pero no quería ser sólo un médico, lo que realmente quería ser en el fondo era un escritor.

Te amo mucho,

Facundo

***

Eventualmente, Isabel (mi hermana) decidió no verme o hablarme de nuevo. Aunque la vida es demasiado corta y ni ella ni yo tenemos mucho tiempo para vivir. Dice que le recuerdo los de mi padre, de mi madre, los míos y sus fracasos, todo al mismo tiempo, lo cual era demasiado para ella. Una pérdida inmensa para nosotros, si nos lo preguntamos, romper tan dramáticamente por un asunto tan indefinido, en mi opinión mucho mayor que el dolor que ella habría experimentado si decidiera verme.

Seguí llamándola de vez en cuando, sin importar. E invariablemente la doncella respondería, "La Sra. Isabel no está en casa, se ha ido en un largo viaje..."

Ojalá esto nunca hubiese sucedido.

***

Capítulo 6

En Hollywood, Florida, la gente va a la iglesia el domingo y de vez en cuando confiesa pequeños pecados. No como los que ocurrían diariamente, pero lo suficiente para mantener al párroco ocupado. La pequeña ciudad es una de las paradas en la ruta, donde los pasajeros del autobús Grehound a Atlanta toman un descanso en los huesos y un merecido sándwich de tocino en tostada. La parada de autobús tiene sólo dos habitaciones: una para los pasajeros que esperan y el bar de aperitivos, y el otro para la taquilla y los baños. Jody Johnson, editora del Hollywood Review, tenía dificultades para imprimir noticias locales, porque no sucedía nada en Hollywood, aparte de los avisos de muerte y nacimiento, y cada pocos años una visita de un candidato aspirante a gobernador. El pueblo vota republicano en su mayoría y es casi católico romano del sur en su totalidad.

Reginald Coles, sacerdote jesuita mantenía su tiempo igualmente dividido entre su jardín de rosas, la iglesia y la Escuela Bíblica Dominical que estaba situada detrás del cementerio de la iglesia, lo que significó aproximadamente 2.3333 días a la semana dedicados a cada uno.

Después de que la Duquesa falleció, por alguna extraña razón su memoria llenó completamente mi alma, sin dejar sitio para ningún otro ser vivo excepto Ma. Concentré mi interés intelectual en las controversias filosóficas que podía encontrar a mí alrededor, con la esperanza de que pudieran servir como temas materiales para mis futuros libros.

***

"Eso es una vergüenza Jody Johnson". Dijo Reginald Coles. "¿Cómo puedes decir tal cosa? Esa es la verdad. ¡Los asuntos de la iglesia deben ser tomados literalmente, no razonados. Cualquier otra cosa es herejía."

A lo cual Jody Johnson respondió: "Creo que el hombre creó a Dios por la necesidad de materializar un súper ser. Realmente todo lo que teníamos que hacer era mirar hacia el universo para encontrarlo. "

***

Este era el tipo de cosas que se discutían en ese momento. Un duelo editorial en torno a temas como este continuó durante años. Jody Johnson escribiría en su espacio editorial y Reginal Coles respondía en su columna semanal y en su púlpito de la misa dominical. En virtud de este choque de opiniones muchas personas, al igual que yo, ahora entienden menos: no sólo lo que sucedió, sino por qué sucedió y la importancia de cada evento debatido.

Ya para entonces me había convertido en un escritor a tiempo completo y empecé a pensar más. También aprendí que no hay tal cosa como errores. Las elecciones son hechas y cada elección trae consecuencias, totalmente ajenas al concepto de bien o mal. Nadie es culpable en el desarrollo de sus ideas, hasta que se compruebe que está equivocado.

Por ejemplo, cuando los animales se lastiman, se acuestan, se lamen sus heridas y descansan, y si llega el momento de fallecer, ponen la cabeza sobre el suelo y esperan, hasta que lentamente desaparecen de esta vida. Nosotros no lo hacemos así, luchamos por sobrevivir. Una lucha a veces infructuosa, a menudo inútil, y siempre perdida.

Después de todo, el razonamiento anterior me da derecho a probar que "La mayor obra maestra de todos es una vida bien vivida". Pero ¿qué haces con una vida pequeña? Lo menos que puedes hacer es vivir cada pequeñao pedacito al máximo. Algunas personas son premiadas con vidas más grandes que la vida misma, pero lamentablemente, a menudo rara vez logran vivirlas a plenitud. ¡Ellos actúan, simulan, van a través de ella de acuerdo con un guion, pero nunca la viven! Esto ocurre a menudo entre los dedicados a las vidas creativas.

He vivido la mía por instinto, sin sílabas, sin guiones, pero muy improvisado. A pesar de toda esta realidad y el hecho de que nunca he tenido demasiada gente dentro de mi círculo, todo el mundo parecía tener una historia claramente escrita para que yo la siguiera, lo cual no podía permitirme a mí mismo. No podría actuar mi vida. En cambio, seguí mis códigos de destino, error tras error y todo... Así es como comenzaron mis desacuerdos más profundos. Sólo quería la verdad tal como era, no como quería que fuera. Esa era mi religión.

En mi búsqueda literaria, decidí pasar a temas más trascendentales. Comencé a buscar una respuesta a la pregunta que ha estado en mi mente durante mucho tiempo: ¿Cuál es el propósito de la vida?

Me di cuenta de que para dar cualquier tipo de respuesta, tuve que arrojar algo de luz en primer lugar en el propósito de mi propia vida. Descubrí que a medida que nos acercamos al final de nuestras vidas, nos preocupamos más por lo fundamental, importante y necesario, dejando las trivialidades de alguna manera detrás. Considerando esto, no podría haber elegido un tema mejor ni un momento mejor...

En alguna parte leí que a medida que los seres humanos consumían más proteínas, nuestro cerebro crecía del tamaño de una nuez, a un melocotón, a una naranja, a una sandía pequeña, y desarrolló la capacidad de asignar significado a los acontecimientos. Nos volvimos más creativos y curiosos, pero también complicados, y desarrollamos una tendencia a glorificar conceptos para hacernos sentir importantes, que de otro modo eran cosas sencillas.

Aunque no lo somos, todavía nos sentimos como si estuviéramos en el centro de todo. Somos importantes sin importar, pero no tan importante. No necesitamos lucir mejor. ¡La imaginación podría ser aceptada como verdad, porque todo, y más, es posible!

Por ejemplo, dejemos de lado todas las creencias anteriores y nos convertimos en un "Pensador" por un momento. Usted no necesita conocimiento, sólo sentido común, porque los hechos están aquí y ahora frente a nosotros. No espero que estés de acuerdo con mi punto de vista. Sin embargo, sería beneficioso mantener una mente abierta, a fin de aprovechar el elemento de la simplicidad, al cual le debemos intentar dar nuestra más seria atención y mantenerla a mano en todo momento. La mayoría de las cosas que parecen extremadamente complejas son, en esencia, muy simples, porque así es como funciona la naturaleza.

La verdad es que desde el principio no entendimos algunos aspectos de la vida, así que inventamos historias para entregar respuestas rápidas a temas tan inexplicables. Esto era posible porque nuestro cerebro era ahora grande y poseía la capacidad de razonar, ser creativo y asignar significado, y en el momento en que la ciencia no era capaz de darnos respuestas razonables. Esto era práctico y conveniente y llenaba una necesidad temporal.

Pero no logró otro propósito, aparte de calmar temporalmente nuestra curiosidad y nuestra obsesión por el entendimiento. Pero distorsionó hechos simples y creó misterio alrededor de ellos. Reconozco que los conceptos se volvieron mucho más dramáticos que reales y nos hicieron parecer solucionadores de problemas. Habíamos llegado a un nivel de sofisticación y glamour nunca alcanzado antes.

Sólo para dar un ejemplo: ¿Era necesario definir a Dios como tres personas en una? Claramente no era una idea equivocada e inofensiva, en comparación con el hecho de que tres cuartas partes de la humanidad no tienen agua potable y siguen teniendo hambre. Ese es un hecho que amenaza nuestra propia existencia. El hambre cosecha la enfermedad, que eventualmente podría exterminarnos a todos...

Sin embargo, entre todo este descuido, algunos de nosotros hemos optado por vivir en relativa comodidad, lo que no es malo en sí mismo, si no fuera por el hecho de que el propósito de la vida ha quedado totalmente atrás y olvidado. ¿Estamos dispuestos a reparar una negligencia tan enorme, sin amenazas o mentiras y sólo por el bien de la verdad? Mejor lo hacemos, porque nuestra propia supervivencia depende de ello.

¿Qué importa si todos vamos a morir de todos modos? Eso es cierto desde el punto de vista de un individuo y no sé si usted está consciente de que también es verdad en general. Es una certeza que el sistema solar explotará, cuando nuestro sol finalmente se consuma.

Pero la cantidad de tiempo hasta ese final es tan grande, que sería estúpido no hacer algo. Nos ha llevado cuatro millones y un cuarto de años, de venir de ser un mono que no anda, colgando de una rama, a conducir un Porsche en nuestro camino a nuestro computador Apple. ¡Pero, antes de que hubiera ningún registro acerca de esto, los dinosaurios reinaron indiscutiblemente la tierra durante ciento sesenta millones de años!

Suponiendo que todavía tuviéramos que vivir una cantidad equivalente de tiempo, ¿No tendría sentido revisar el propósito de nuestras vidas. Y si encontramos, que nuestro propósito es sobrevivir como una especie, vivir de acuerdo a ese canon?. Dejando a un lado la riqueza por un momento y aceptando el hecho de que la riqueza no compra salud o felicidad.

***

De repente me di cuenta de que mi pensamiento me estaba llevando de vuelta a la declaración de apertura de este libro:

"Todo el mundo tiene un sendero de oro establecido para ellos. Tendemos a pensar que comienza cuando nacemos, pero a veces es una continuación de nuestros ancestros. No importa lo que hacemos o no, inevitablemente terminaremos con él, porque es nuestra única vida. En un momento de su vida, Facundo Marval, mi padre, escribió estas palabras proféticas, que abrieron la declaración escrita de un sueño visionario que dirigió a un lugar muy lejos en el futuro..."

"Y la vida pasó por mí como un rayo de luz dejando muy poco atrás y yo estaba totalmente reemplazado. Sólo pasaron dos generaciones y ya he sido olvidado, así como millones antes que yo. Estoy triste porque mi vida ha venido y se ha ido tan pronto, pero contento porque he vivido y sé que la vida continuará para muchos otros después de mí. Es nuestro destino... El nieto de mi nieto, que desde entonces también había desaparecido, estaba leyendo una revista virtual. Yo me había ido hace tiempo... "

Sin saberlo había vuelto a la base de la revolución mental personal de mi padre y me sentía obligado a continuar lo que él comenzó, a mi manera. Volví a leer todo el pasaje y descubrí que tenía una visión clara de la creación de un mundo nuevo, sólo por medio de la revolución de la mente.

Él profesaba que sólo seríamos civilizados si elimináramos las diferencias creadas por la codicia.

Encontré un nuevo propósito dentro de mi compromiso con la escritura, porque créanme, las palabras son la herramienta más poderosa de la transformación. Este propósito se convirtió en mi nueva pasión o se podría decir mi "nuevo amor"

III – Mount Pleasant

Cuando ya no este mas
¿Me amaras aun?
Y serás el guardián de mis recuerdos
Y de la pequeña cajita negra donde mis cenizas
descansen.

¿De vez en cuando me añoraras?
Y nuestros paseos en el parque
Y nuestras conversaciones a la hora del té

Acerca de la vida
Acerca del amor
Acerca de la muerte

Y cuando estés a punto de derramar una
lágrima
¿Te recordarás que prometiste no llorar?
Y ser el guardián de nuestros recuerdos
Y de la pequeña cajita negra donde mis cenizas
descansen.

Capítulo 7

Ese año Ma falleció, pacíficamente como siempre creyó que debía ser. Era el año 2001, yo tenía sesenta y uno y Ma apenas había cumplido ochenta y uno. Me di cuenta de que nunca tuve una familia propia. Mi vida había evolucionado alrededor de la devoción por La Duquesa y Ma. Ahora sólo sus recuerdos llenaban lo que sentía, un enorme vacío. Dejando sólo un gran deseo de desarrollar el pensamiento que mi padre comenzó, decidí seguir adelante y continuar donde mi sendero de oro se suponía que me llevaba.

Me dejé llevar y decidí desplazarme hacia el norte. Siempre quise volar hacia el norte y hacia arriba. Esta fue la oportunidad de hacerlo. Siempre oí que uno podía vivir una vida pacífica en Canadá y la paz es lo que necesitaba, lo más propicio para un pensamiento tranquilo. Así que ahí fui.

Durante la mudanza descubrí que no poseía mucho. Sobre todo lo poco que tenía, permanecía en mi cabeza, como cuando era pequeño niño. ¡Increíble que seamos capaces de llevar una vida entera en los confines muy pequeños de nuestra mente!

Una vez en Toronto, me instalé alrededor de Mount Pleasant y comencé el papeleo necesario para quedarme para siempre. La primera vez que vi Mount Pleasant pensé que era el parque más hermoso que había visto, no sabía que era un cementerio.

Durante una de esas conversaciones que uno tiene consigo mismo. Yo pensé, cuan conveniente, estoy comenzando una nueva vida y al mismo tiempo encontré el lugar más hermoso que he visto, para finalmente descansar en paz. Sonreí de mi cinismo, pero sabía entonces que era el lugar que quería para mi último lugar de descanso. Inmediatamente comencé a hacer planes sobre cómo terminar allí.

Hice un hábito de dar largos paseos, disfrutando de los magníficos alrededores y familiarizarse con una buena ubicación que había seleccionado para ser mi lugar de descanso final. Ya era principios de otoño y los colores de los arces se habían convertido en una paleta de amarillos, rosados, okras y rojos. Todo lo cual me hizo sentirme culpable por no haber descubierto tal maravilla, a principios del verano pasado.

Bueno, nunca es demasiado tarde, razoné y me preparé para pasar el ciclo este año y realmente caminar por los terrenos, con el propósito de familiarizarse más.

Y me encontré con este gran mausoleo. Tenía espacio para unas diez personas, de las cuales sólo se habían utilizado cinco. El apellido era Eaton. Los reconocí como una familia muy prominente dentro de los reinos de la sociedad canadiense, porque muchas cosas todavía se nombran en su nombre, realeza local usted puede decir. El mausoleo era muy visible entre las otras tumbas del cementerio y el nombre de Timothy Eaton se destacó, me di cuenta. Para tener un lote como este tenías que tener al menos ciento cincuenta años de posición prominente y mucho dinero, pensé.

Sobre toda esta visión tropecé con la idea de que podría mencionar esta descripción en mi próximo libro y establecer el hecho de que puesto que no había manera para que mis cenizas terminaran legítimamente en un lugar tan suntuoso, deseaba sinceramente que mis cenizas fuesen pulverizadas cerca de las raíces del sauce llorón más cercano al mausoleo, discretamente sin ningún signo o marca.

Sólo mi relato de este deseo, impreso en el lugar apropiado de mi próximo libro para dar testimonio del hecho, y tal vez, además, del relato sobre aquellos que llevaran a cabo mi muy poco ortodoxo deseo final, como una prueba más de que se hubiese completado de acuerdo con mi mandato. En ese momento olvidé completamente que a menudo las personas cambien de opinión, incluyéndome a mí.

***

Cuando alcancé el pico, de pie sobre la meseta, apareció este enorme muro de piedra, dos pisos de alto y construido con grandes piedras talladas probablemente hace miles de años. Era viejo. Yo también era viejo. Esta similitud tuvo entonces un efecto tranquilizante. Miré hacia un lado y no vi ningún final a la pared. Mire hacia arriba y también no podría ver ningún final.

Sin embargo, había una puerta gigantesca. Imponente y tallada de la medula de un árbol de cedro antiguo. No había manera de hacer una impresión de ninguna clase en esa puerta con mis manos frágiles. Inesperadamente, lentamente se abrió lo suficiente como para que pudiera ver lo que había al otro lado. Allí, en mi versión, vi un sendero que serpenteaba por el bosque y era de oro. El hermoso tono dorado que sólo las hojas de arce de otoño de Canadá dan a la naturaleza para enmarcar nuestro camino.

En ese momento, me di cuenta de que pasé toda mi vida de la manera que deseaba que fuera y luego me di cuenta de que no era la manera que deseaba que fuera. Era una señal. No sólo significaba que debía terminar mi trabajo, sino que el título se reveló, *El Sendero Dorado*. Se hizo obvio entonces que mi próximo libro intentaría definir el significado de la existencia, no menos. ¿Para qué estamos aquí? ¿Cómo debemos organizarnos para lograr eficientemente ese propósito?

Y establecer que la religión y el gobierno deben basarse en el respeto y la conservación de la vida y la promoción del conocimiento en todos sus aspectos, nunca basado en la ignorancia y el miedo. La mejor religión que conozco es respetar la vida (pasada o presente) en todas sus formas. La vida esencialmente es un perenne cambio constante, por lo tanto no necesita intervención mayor de nosotros, simplemente el reconocimiento de que todo está vivo y eso es todo lo que somos.

En nuestra concepción actual, a medida que pasa el tiempo, Dios se parece cada vez más al hombre y el universo se parece cada vez más a Dios.

Una noche mientras miraba las estrellas, sentí que alguien también me miraba desde un millón de años luz de distancia. Lo que más me llama la atención de la vida es que tiene que terminar para continuar. El universo nunca tuvo un principio y nunca tendrá un fin, simplemente evoluciona, por lo que la probabilidad de no haber vida en otro lugar en el universo es simplemente cero.

Vivimos plenamente conscientes de nuestra desilusión final, la muerte. Nada entonces debe importar, pero sí importa. De lo contrario la vida sería una triste larga espera. Nadie es realmente original, sólo meros ejemplos de la misma vieja fórmula. Sólo algunos ven estos pensamientos desde una perspectiva diferente; A veces brillante. El aspecto más singular de nosotros es que yo no soy tú y tú no eres yo. La ciencia es la inspiración del arte o... ¿Es el arte la inspiración de la ciencia? Además, asumir que el universo es finito es bajar el nivel del poderoso concepto. Era evidente que todos estos conceptos tenían que ser puestos por escrito. Yo sabía que a medida que me hacía mayor comencé a apreciar más la vida y las cosas sencillas, y eso era para mí era ventajoso.

Me puse nostálgico mientras reflexionaba acerca de estos puntos de vista y tomé una pausa para recordar un poema que escribí especialmente para la mujer que eventualmente tendría la responsabilidad de convertir mis huesos en cenizas, en cualquier momento en que no fueran capaces de sostener un cuerpo que se negaba a estar vivo, cuando apareciera.

***

Los siguientes meses reflexioné mucho sobre la vida y llegué a la conclusión de que he vivido una buena vida y cuando llegue mi hora deseo morir en un sueño, del que nunca me despierte. Donde yo y todos aquellos que amo eran muy felices y estaban rodeados de la música más agradable. A veces, mientras pensaba en morir, me imaginaba que era como arrastrarse en una balsa hacia la nada de un vasto mar, sabiendo que no había regreso ni a dónde ir, sólo vacío y fondo sin fin por delante.

Entonces me encontré con la idea de que mi vida podría haber sido tan fácil como navegar a través de un lago tranquilo en un buen día de verano, si tuviera un legado diferente. Realmente, fui forzado a sobrevivir, no tuve otra opción.

Pero, ¿Cómo sobreviví? A veces no lo hacía, literalmente. Encendía velas y lámparas de aceite, decía rezos y veneraba imágenes, esperando que lo hicieran por mí. Lo hicieron, pero sólo cuando agregué algo de mi propia acción.

Recuerdo a mi padre como un hombre muy alto que estaba a mi lado y una silueta aún más alta de una sombra proyectada hacia el este. Posteriormente, en mi versión, pretendía que regresaba de su día de trabajo diario. Alrededor de las tres de la tarde todos los días y me recogía, poniendo una mano debajo de mi brazo derecho y levantándome como una pluma hacia él. Me sostenía cerca de su pecho y me decía: "¿Cómo está mi Facundo hoy?" Con una voz suave, apenas creíble que pudiera venir de un cuerpo tan corpulento, así que asumí que venía de la profundidad de su alma. Esa pequeña pregunta llenó mi existencia en ese momento y me impresionó lo mucho que me amaba.

Mi padre solía llevarme con él, en algunos de sus viajes. Una vez me llevó al pequeño pueblo donde nació. Recuerdo que cuando estábamos conduciendo por el camino, a lo largo de los Andes, además de las colinas, justo antes de que dobláramos hacia una curva del bonito campo, me dijo:

"Facundo la cosa de las montañas es que te inspiran a vivir. La mañana y el aire fresco es el regalo de la naturaleza para mostrarnos lo feliz que uno puede ser, si sólo lo dejas. Si se pudiera unir, la dinámica de la ciudad, con la tranquilidad de las montañas. Si uno pudiera tener lo mejor de ambos mundos, ¡Pero no podemos! Así que la conclusión es que uno debe disfrutar de la vida, en su propio contexto, en su propio momento".

Dijo, sentado al volante del coche, mientras doblábamos por la ladera y maravillado con cada curva de lo maravilloso del paisaje.

***

Pasaron los meses y seguí reflexionando más sobre la vida. Era tan evidente que la vida era sólo un parpadeo del ojo. No tendría ningún significado si no fuera por nuestra imaginación, nuestra capacidad de interpretar acontecimientos y la construcción de una cierta realidad a partir de la percepción y, finalmente, a través de la conciencia.

La importancia de los acontecimientos siempre me ha asombrado, la manera en que damos forma y remodelamos los acontecimientos. Nuestra mejor cualidad es la capacidad de dar forma y remodelar la importancia de los eventos y lo que es más, descartar lo que encontramos que no es relevante para nosotros. ¿Cuál es el significado de la vida, si no aprender a medida que vamos y dejar recuerdos a medida que partimos? Sólo tuve unos cuantos amigos y cuando llegue el momento de irme, lo hare sin remordimiento ni malos sentimientos.

Todo es parte de lo mismo, interconectado por el ciclo interminable de contracción y expansión, que es eterno. La vida y la muerte son los mismos elementos solo en un estado diferente, como el agua es el hielo.

¡Como quieras, si eso te hace feliz!

Me dije en un momento de ternura.

***

Durante mi viaje al norte, tuve que relacionarme con muchas personas, algunas buenas, algunas malas, algunas horribles. Curiosamente aprendí mucho de cada uno de ellos. Todo a su manera me ayudó a continuar.

Algunos eran humildes, unos arrogantes, otros ricos y otros pobres. De esta mezcla aprendí que el dinero y el poder distorsionan grandemente la realidad de nuestra vida. Esta observación, sobre todo me ayudó a entender que todos dependemos inevitablemente el uno del otro.

Aprendí que la humildad y la compasión nos hacen fuertes, la arrogancia nos hace débiles e inseguros, la mente abierta nos tranquiliza y el humor es el salvador.

Si sólo tengo una cualidad para elegir, será humildad. La humildad es la más poderosa de las virtudes y la más difícil de practicar. Hazme fallar y seré humilde, así no cometo el error de ser arrogante. Eso será en sí mismo un éxito.

Con el tiempo tuve que decidir mientras escribía *El Camino Dorado*, si sería una autobiografía, una memoria o una novela. Con el tiempo me di cuenta de que no importaba, porque todo estaba basado en la imaginación y en última instancia todo el mundo actúa en una trama, con profusión de descripciones, conclusiones, escenas y diálogos. Así que acabo de contar la historia y dejar que el lector decida.

A estas alturas he aprendido a no apegarme a las cosas materiales. Puedo comprarlas, venderlas, incluso perderlas y eso no me afecta. Yo uso una de mis creencias, "Creo que siempre puedo recuperarlas, porque soy eterno", a mi favor. Y funcionó.

***

Capítulo 8

Me llevó dos años después de que falleció la Duquesa, para descubrir que no estaba completamente solo en este mundo. Es cierto que mi vida se había reducido a casi nada durante muchos años. Entonces me di cuenta de que había pasado tres cuartos de mi vida tratando de hacer que la Duquesa comprendiera que pertenecíamos juntos, hasta que se quedó sin tiempo...

Verdaderamente, ahora la única alternativa válida que tenía en la vida era la búsqueda de una felicidad bien merecida y yo sabía que la clave de todo era encontrar de alguna manera el amor. Pero el amor viene en muchas formas y formas, a veces escondiéndose en los lugares más inaccesibles y a veces inesperadamente apareciendo en el estímulo del momento, como un olor casi imperceptible, que sólo los marcados por el destino están obligados a reconocer.

Obviamente no sabía cuánto puede traer la vida en el momento adecuado, si la dejas. Para mí era el sueño de tener un hogar, alguien por quien luchar y un sentimiento de "tenerlo" en cualquier momento, porque estaba a sólo un brazo de mi lado de la cama...

Y así, eventualmente apareció para mí en la forma de una pequeña dama asiática. Quién capturó primero mi atención, luego mi interés, posteriormente mi devoción, eventualmente en mi amor y finalmente se convirtió en mi vida entera. En chino se llamaba Pik Yuk. En la vida real la llamé "La Princesa".

Nuestro amor se desarrolló lento, continuo y naturalmente, alimentado por acciones de respeto y un sentimiento de contenido entre sí. Al principio, hemos eliminado los complicados trámites y los pequeños trucos que la gente usa en un esfuerzo por hacerse parecer más atractivos.

No sentíamos necesidad de eso, porque nuestras almas se comunicaban libremente y sin adornos nos instalamos inmediatamente en el negocio de ser útiles y solidarios entre nosotros, de una manera sencilla pero casi perfecta. Esta buena suerte no viene a menudo, y a veces cuando lo hace la despreciamos como algo poco importante. ¡Qué error!

Reconocimos nuestra existencia como valiosa inmediatamente con gracia, y aprovechamos cada oportunidad para empezar a construir nuestro futuro sin demora.

Al principio también aceptamos la suerte como un factor importante en nuestras vidas. No es que jugamos nuestras vidas, pero nos dimos cuenta de que sin un poco de suerte no pasa nada. La suerte es uno de los ingredientes que hacen realidad los sueños.

De hecho, nosotros mismos fuimos un claro producto de la suerte. Así que para dar a esta creencia un uso práctico, hemos estado jugando a la lotería desde que nos conocimos. Lo sé, usted puede estar pensando que las probabilidades son siempre tan astronómicas que podría parecer una pérdida de tiempo. Eso es cierto, pero por otro lado alguien tiene que ganar. Así que si usted compra un boleto tiene una oportunidad, si no lo hace, no tiene ninguna oportunidad.

Compramos un boleto semanal religiosamente y creemos que algún día ganaremos el premio mayor. ¿Por qué no? Hemos sido consistentemente afortunados en tantos otros aspectos de nuestra vida que cuando suceda, parecerá muy natural.

Nuestro descubrimiento mutuo ocurrió hace dieciséis años (en el 2001) en un pequeño centro comercial en Toronto, donde nos reunimos para tomar café, y que todavía visitamos de vez en cuando, en honor y en la memoria de que los milagros todavía suceden a los que desean el bien.

¡Siempre tuve la tendencia a dramatizar y romantizar! Bueno, después de todo tenemos que admitir que la vida está llena de drama y romance. Uno no puede existir sin el otro.

Bien, dieciséis años han pasado desde el 2001 y todavía estoy aquí, respirando el aire que me permite pensar y ser agradecido. No tenía nada cuando entré en su vida. Había dado todo por el camino. Ella tenía un apartamento pequeño y me llevo adentro a mí y mi maleta generosamente, sin esperar nada a cambio.

Desde entonces he publicado *El Camino Dorado*, en honor a mi padre el primer Facundo Marval y tengo más historias que contar y nuevas expectativas para el futuro.

Actualmente estoy escribiendo una colección de poemas y una novela en el honor de La Princesa. Es lo menos que puedo hacer. Todo como una celebración de la vida o como algunos lo ponen "Dejar un legado", porque seamos sinceros los buenos libros no se venden bien, solo duran más, mucho tiempo más... Ellos trascienden.

Entre tú y yo, es realmente un intento de hacer que los recuerdos duren un poco más después de mi partida. Es verdad, que al final morimos cuando la última persona ha dejado de recordar el último recuerdo que tienen de nosotros. Hasta entonces, flotamos como una especie de energía de mente a mente, y curiosamente es lo más parecido a estar realmente vivo. ¡Es por eso que algunas personas nunca desaparecen por completo!

Mi vida es sustancialmente mejor debido a La Princesa y el hecho de que tengo a alguien especial para amar. Aunque todavía tengo que seguir encontrando significado en la vida y luchar por la felicidad, que no viene fácil. A veces me siento un poco solo quizás, durante esos momentos de contemplación, pero los descarto como el precio a pagar por ser un poco creativo, pensando que todo valdrá la pena al final.

* * *

Era nuestro destino. En busca de un poco de felicidad me trasladé hacia el norte y "La Princesa" hacia el oeste, las formas tradicionales de buscar oportunidades. Terminamos reunidos en Toronto. Una vez más tratando de construir una familia, ella por segunda vez y yo por tercera vez.

Llegué a la conclusión de que las familias deben construirse minuciosamente, no vienen listas. Los ingredientes son principalmente la comunicación y el amor, que finalmente resulta en un alto nivel de confianza, que a su vez permite a las personas colaborar y prosperar en armonía. Deposité toda mi confianza en "La Princesa" y empecé juntos a hacer las cosas hacia la seguridad y el bienestar común. Respeto, comunicación, finanzas, sueños, salud, una pareja para siempre...

Sin esperanza de perfección porque nunca la hay. No sé si hombres y mujeres se dan cuenta de lo frágiles que son. Nunca olvide, que la relación entre un hombre y una mujer se basa sólo en la frágil confianza.

Además, las mujeres al tener el poder de certificar el gen humano tienen una enorme responsabilidad. Les debemos este milagro. Muchos amores han sido rotos por frágiles vientos pasajeros, aunque estuviesen hechos de roble macizo, si no fuera por la perseverancia de las mujeres de mantener a las familias juntas a toda costa. No podríamos ni siquiera si intentamos darles suficiente reconocimiento.

Debido a que nuestras mentes perciben la realidad de diferentes maneras no hay una sola realidad. Hay tantas realidades como personas. Todo depende de cómo lo sentimos, lo percibimos y lo expresamos. A veces esto es muy difícil de entender, especialmente cuando los puntos de vista son muy diferentes, en cuyo caso sólo la flexibilidad y el compromiso ayudan

***

La mayoría de las cosas importantes en mi vida no han sido solicitadas. He aprendido a reconocer lo que se coloca en mi camino, y aceptar lo que pienso que significa para mí. Esta es la forma más natural para que yo tome decisiones. Aunque la vida me ha demostrado que no es la forma más conveniente, lo haría de nuevo.

Tuve que profundizar en el tejido de la vida para encontrar los pequeños momentos de felicidad que he tenido. En su mayoría sucedieron, cuando yo fui capaz de dar, a aquellos cercanos y queridos a mí, o cuando pude recibir afecto de aquellos que eligieron amarme. Tengo que admitir que también tuve algo de alegría de las cosas triviales, a menudo después de soñar durante años sobre ellas, un reloj aquí, un pequeño coche allí... pero nada en comparación con la sensación de bienestar que proporciona dar a los que amas.

Estoy tan identificado con mi propia vida que no la concibo de otra manera. Me veo a mí mismo como alguien que tiene sólo una forma y una cierta identidad única y no puedo pensar en ello de manera diferente. Discutible, "mi vida tiene solamente una vida." Tal vez elegí la forma más difícil. Pero "Fácil viene, fácil se va. Difícilmente llega... ¿Difícilmente se va?

***

A propósito, el otro día, mientras estaba sentado en un banco del parque, me pregunté: "¿Estaré todavía vivo la próxima primavera?" Y no pude responder. Tenía grandes dudas. No fue una buena sensación, aunque sólo fuera una premonición. Sólo deseo que cuando llegue mi hora, las grandes fuerzas de la naturaleza me permitan morir en paz conmigo mismo y con los demás, sin dejar ningún sufrimiento a nadie y posiblemente algo útil para algunos.

Soñando con algo agradable, como esos asombrosos mangos de la Pequeña Venecia - mi país original - que se balancean al compás de la brisa, refrescando el calor tropical, como orejas gigantes de elefante. Siempre verdes, siempre frondosos, siempre sombreados, siempre generosos y siempre hermosos. Los queridos mangos de mi país, los siempre queridos mangos de mi juventud.

Me gustaba pensar que la vida era algo como ir a la escuela, asistir a todos los cursos, aprender todo lo que había que aprender, finalmente aprobar todos los exámenes con altas calificaciones. ¡Y luego graduarse con honores!

**

El tiempo ha pasado implacablemente pero no en vano. He aprendido algunas cosas, he hecho algunas más y sobre todo he vivido en mis propios términos, en paz. Dejé hace mucho tiempo de ser "alguien" y elegí ser "útil", retirándome a las artes con pasión.

Mi mayor fortuna ha sido ser un alma libre y mantener la creencia de que la revolución de la mente ultimadamente gana.

**

~

La mente lo es todo.

~

AGRADECIMIENTOS

Mi esposa Jacqueline me dio un apoyo incondicional. Mis dos hijas Carla y Beatriz nutrieron mi alma con el tanto amor que necesitaba. Beatriz Márquez fue mi inspiración. John Miller y The Toronto Writers Cooperative me regalaron con crítica invaluable. El Dr. Bruce M. Sutton continuo haciéndose cargo de mis heridas psicológicas y el Dr. Bodhan Olearczyk mantuvo mi cuerpo funcionando.

¡Gracias! Sin la ayuda de todos ustedes, este libro nunca hubiese sido escrito o publicado.

El autor en el 2015

Luis Carlos Márquez vive en Toronto. Es el autor de *Nosotros los Márquez* (memorias), *Doce Poemas de Despedida* (poemas selectos), *Un Día en El Parque* (cuento) y ahora *La revolución Personal de Facundo Marval* (novela). Cuatro géneros y una sola voz. Toda su obra está también disponible en el idioma inglés.

www.ingramcontent.com/pod-product-compliance
Lightning Source LLC
Chambersburg PA
CBHW062100280526
45788CB00003B/1288